Jesús Escudero Martín

*Profesor de Matemáticas e Informática del
I.E.S. Fray Luis de León de Salamanca*

ACERTIJOS ESCOGIDOS RELATIVOS AL LENGUAJE

y otras historias

Vol. 11

Salamanca 2004

ACERTIJOS ESCOGIDOS RELATIVOS AL LENGUAJE y otras historias
Vol. 11
2ª edición
Jesús Escudero Martín

Tapa blanda: 208 páginas
Colección: Humor, adivinanzas
Idioma: Español
Octubre 2018

I.S.B.N.: 9788460931942

E-mail: jescudero11111@gmail.com
Web: http://platea.cnice.mecd.es/~jescuder/
Blogs: http://blogs-escudero.blogspot.com.es/
Twitter: jesusescuderom
Facebook: jescuderomartin

ÍNDICE

PRÓLOGO DEL VOLUMEN 1

«Tomar la diversión como simple diversión
y la seriedad en serio,
muestra cuán profundamente indiscernibles
resultan ambas entre sí»
(Piet Hein)

Este podría ser el modo más conciso de expresar el punto de vista desde el que están escritas casi todas las páginas de este libro.

El pensamiento del pedagogo alemán Harmut von Henting, expuesto en su libro *«¿Por qué tengo que ir a la escuela? Cartas a Tobías»*, defiende que el aprendizaje *"exige siempre esfuerzo y sacrificio"*. Sin negar ese principio, siempre intento, en lo posible, enseñar deleitando. Esta es la finalidad que tienen los acertijos y curiosidades, que expongo en estas páginas.

Lo que aparece en ellas es para quienes no tengan miedo a evaluarse, para quienes disfruten con las dificultades, para quienes odien los mecánicos y monótonos caminos de resolución; para personas creativas, para los amantes de los enigmas y capaces de apreciar la belleza del razonamiento lógico o matemático.

Los ingeniosos acertijos que se incluyen en este volumen y en los siguientes, muestran que las matemáticas, la lengua, la física y otras disciplinas pueden llegar a ser muy divertidas y entretenidas. El libro ha sido escrito con la intención de que pase Vd. ratos muy agradables.

Espero que, ni al más ingenuo de los lectores, se le ocurra pensar que los acertijos se me han ocurrido a mí. Aunque hay algunos originales, la mayoría han sido extraídos de revistas, periódicos y libros de todo tipo, así como de Internet y del correo electrónico. Los que hay de otros autores, están nombrados en la bibliografía.

Como desde comienzos de los años 70 he ido recogiendo todo tipo de acertijos y curiosidades, por afición, sin ánimo de publicarlos más adelante, desconozco el origen exacto de la mayoría de ellos.

Todo este material me ha ayudado a amenizar mis clases, sacando a colación el acertijo apropiado en el momento oportuno. Los alumnos siempre están interesados en estos temas, y, sobre todo, si vienen a cuento. También lo he compartido con otros profesores y compañeros que desinteresada y amablemente me han ayudado con sus valiosas sugerencias. Incluir aquí sus nombres daría lugar a una lista demasiado larga. Muchas de las ideas, que aparecen en el libro, resultaron muy mejoradas gracias a su colaboración. Desde el año 97, está, una gran parte, disponible en Internet en la página web:

http://platea.cnice.mecd.es/~jescuder

Buen número de los acertijos que aparecen en estas páginas tienen ya la categoría de clásicos y han sido adaptados a nuestro ambiente cultural o se les ha dado un retoque para hacerlos más amenos.

Casi todos los acertijos seleccionados pueden explorarse con la ayuda de un papel y un lápiz. Para resolver la mayor parte de ellos, no se requieren conocimientos superiores a los elementales, aunque casi siempre se requiere la aplicación de un agudo ingenio, a pesar de que a veces no lo parezca. *«La imaginación es más importante que el conocimiento».* (Albert Einstein)

En la resolución de algunos acertijos, es preciso que surja en nuestra mente un concepto nada fácil de definir, que llamamos **"feliz idea"**. Para el experto es un método de trabajo, lo que para el novicio resulta una feliz idea, una especie de revelación divina, que surge como un relámpago en la oscuridad y nos deja ver claro el camino a seguir. El examen de muchas felices ideas puede abrir en nuestro espíritu cauces que hagan surgir chispas semejantes en circunstancias parecidas. *«Es dudoso que el ingenio humano pueda llegar a construir un enigma que el propio ingenio humano no sea capaz de resolver».* (Edgar Alan Poe)

Es cierto que hay algunos, preciosos, de enunciado muy sencillo que son muy difíciles de resolver. Aunque no sepamos llegar a la solución, sólo con el hecho de verla y, a veces, comprobarla, ya se disfruta con ellos. *«No necesito saber adonde voy para gozar del camino que transito».* (Deepak Chopra)

Algunos archivos virtuales han sido creados por mis alumnos de 1º y 2º de Bachillerato en la asignatura de Tecnologías de la Información. Tras una pequeña y breve revisión, aparecen tal y como ellos me los entregaron.

Salamanca, mayo 2004

INTRODUCCIÓN

En todos los acertijos hay algún elemento, oculto en el enunciado o la solución, que lo relaciona con el idioma, la lengua, la gramática, las letras, una librería, una papelería, el diccionario, el papel, un libro, un refrán, un proverbio, una frase curiosa, un nombre propio original, un enunciado al pie de la letra, etc., etc.

No debe asustarse si en algunos acertijos aparecen números, quizás tengan algo que ver con las letras, sílabas... que lo componen.

Algunas veces intentaremos confundir con pequeñas ambigüedades del significado de las palabras.

Aparecerán juegos de letras, anagramas, acrósticos, palíndromos, preguntas con trampa, búsquedas de palabras, expresiones populares curiosas, preguntas de gramática, palabras únicas, nombres originales, mensajes ocultos, preguntas de ortografía, series, charadas, pangramas, sinónimos, frases únicas, refranes, proverbios, sonetos, coplillas, poesías, retruécanos escogidos, cuadrados de palabras, etc.

En total encontrará Vd. 400 acertijos numerados más otros 54 a continuación de estos.

Las historias ingeniosas del principio y los cuatro ANEXOS escogidos del final completan el volumen con la simple intención de proporcionarle momentos verdaderamente entretenidos.

"El día que no rías, es un día perdido"
(Charles Chaplin)

HISTORIAS INGENIOSAS

Antes de iniciar la lista numerada de acertijos, quiero mostrar algunas historias ingeniosas, curiosas...

LA LÓGICA DE LOS PERROS

[Este desopilante relato pertenece al acta de una sesión de un concejo municipal inglés. Está tomado de «El mundo de las matemáticas», de James R. Newman]

El concejal Trafford se opone al aviso propuesto para la entrada del Parque Sur: **«Prohibido introducir perros en este parque si no van cogidos de la correa»**. El concejal observó que esta ordenanza no prohíbe al propietario soltar su perro o sus perritos de la correa una vez entrados en el parque.

El presidente (coronel Wine): ¿Qué otra solución propondría usted, señor concejal?

Concejal Trafford: **«Prohibidos en este parque los perros sin correa»**.

Concejal Hogg: Me opongo, señor presidente. La orden debe dirigirse a los propietarios de los perros, no a los perros.

Concejal Trafford: Una bonita objeción. Muy bien: **«Prohibida en este parque la presencia de propietarios de perros si no los llevan de la correa»**.

Concejal Hogg: Me opongo, señor presidente. Hablando apropiadamente, eso me prohibiría, en mi calidad de propietario de perro, dejar mi perro en el patio de casa y pasear por el parque con mi mujer.

Concejal Trafford: Señor presidente, propongo que nuestro legalista amigo redacte él mismo el aviso.

Concejal Hogg: Señor presidente, puesto que el concejal Trafford considera tan difícil mejorar mi propia redacción original, acepto dar otro texto: **«No se admite en este parque a nadie que no lleve a su perro de la correa».**

Concejal Trafford: Protesto, señor presidente: hablando apropiadamente, ese aviso me prohibiría, como ciudadano que no tiene perro, pasear por el parque a menos que me compre antes un perro.

Concejal Hogg (algo acalorado): Bueno, es muy sencillo: **«Hay que traer los perros atados a este parque».**

Concejal Trafford: Protesto, señor, presidente. Eso es como una orden a todo el pueblo para que traiga sus perros al parque.

El concejal Hogg interpone una observación por la cual se le llama al orden; tras haberla retirado, se dispone que la observación se elimine del acta.

El presidente: Concejal Trafford, el concejal Hogg lo ha intentado tres veces y usted sólo dos...

Concejal Trafford: **«Todos los perros tienen que estar atados en este parque».**

El presidente: Ya estoy viendo al concejal Hogg levantarse con razón para proponer otra enmienda. ¿Me permiten ustedes que me anticipe yo? **«Todos los perros presentes en este parque tienen que estar atados».**

Se pasó a la votación de esta última redacción y se aprobó por unanimidad, con dos abstenciones.

CONFUSIÓN POR IGNORANCIA

En cierta ocasión una familia inglesa, pasaba unas vacaciones en Escocia. En uno de sus paseos observaron una casita de campo, que de inmediato les pareció cautivadora para su próximo veraneo.

Indagando quién sería el dueño de ella, resultó ser un pastor protestante al que se dirigieron para que les mostrase la finca.

El propietario se la mostró. Tanto por su comodidad como por su situación fue del agrado de la familia, la que se quedó comprometida a tomarla en alquiler para su próximo verano.

De regreso a Londres, repasaron detalle por detalle cada habitación y de pronto la esposa recordó no haber visto el W.C. Dado lo prácticos que son los ingleses, decidió escribir al pastor, preguntándole por ello en los siguientes términos:

"Estimado Pastor, soy miembro de la familia, que hace unos días visitó su finca con deseos de alquilarla para nuestras próximas vacaciones y como omitimos enterarnos de un detalle, quiero que nos indique más o menos dónde queda el W.C.".

Finalizó la carta como es de rigor y se la envió al pastor. Al recibirla el pastor que desconocía la abreviatura de W.C. creyendo que se trataba de una capilla de su religión, que se llamaba, Well Chapel, contestó a la señora en la siguiente forma:

"Estimada señora: Tengo el agrado de indicarle que el lugar al que Vd. se refiere, queda sólo a 12 km. de la casa, lo cual es molesto, sobre todo si se tiene que ir con frecuencia, pero algunas personas llevan la comida y permanecen allí

todo el día, algunos viajan a pie y otros en tranvías y de ordinario llegan en el momento preciso.

Hay lugar para 400 personas sentadas y 100 de pie. Los asientos están forrados de terciopelo púrpura y hay aire acondicionado para evitar sofocaciones.

Se recomienda llegar temprano para alcanzar puesto, mi mujer por no hacerlo así, hace 10 años, tuvo que soportar todo el acto de pie y desde entonces no usa este servicio. Los niños se sientan juntos y cantan a coro. A la entrada se les da un papel a cada uno, las personas a las que no alcanza la repartición, pueden utilizar el del compañero de asiento pero al salir deben devolverlo para continuar usándolo todo el mes.

Todo lo que dejan depositado allí, será para dar de comer a los pobres del hospicio.

Hay fotógrafos especiales que toman fotografías en diversas posiciones las cuales serán publicadas en el diario de la ciudad, en la sección VIDA SOCIAL, así el publico podrá reconocer a las altas personalidades en actos tan humanos como este".

Así terminó la carta. Los ingleses al recibirla estuvieron a punto de desmayarse a pesar de toda su flema y decidieron cambiar de lugar de veraneo.

La siguiente historia con equívoco circula por Internet desde hace mucho tiempo.

PADRE DE ALQUILER

Un señor y su esposa llevaban ya bastantes años de casados y no habían logrado tener familia. Suspiraban los dos por un hijo.

A muchos doctores consultaron y recurrieron a todos los tratamientos, pero sin obtener resultado alguno.

Por fin, un médico encuentra la causa del problema: el marido era estéril.

El marido: ¿Qué debemos hacer, doctor?

El médico: Algunas parejas recurren a la inseminación artificial, pero este es un procedimiento costoso y que suele fallar mucho; otras parejas utilizan algo mucho más sencillo y natural: buscan un padre sustituto.

La señora: ¿Qué es un padre sustituto?

El médico: Es un hombre escogido con cuidado, que hace por una sola vez las funciones del esposo, de modo que la mujer quede embarazada por el método tradicional.

La señora vacila un poco, pero el marido expone que por su parte no hay inconveniente, con tal de que su esposa vea realizada su ilusión de ser madre.

Y en efecto, pocos días después y por mediación del doctor, se contrata a un joven al que se cita para que, ausente el marido de la casa, vaya a visitar a la señora y cumpla con su tarea.

Sucedió sin embargo, que un fotógrafo de niños que había sido llamado a una casa cercana para retratar a un bebe, se equivocó de domicilio y llegó al de la señora.

El fotógrafo: Buenos días, vengo por lo del niño.

La señora (un poco nerviosa): Sí, pase usted. ¿Quiere tomar algo antes?

El fotógrafo: No, gracias, el alcohol no es bueno en mi trabajo, lo que quisiera es comenzar cuanto antes.

La señora: Muy bien, si le parece vamos a la recámara.

El fotógrafo: Puede ser ahí, contesta el fotógrafo, pero también me gustaría en el baño, un par aquí, en la sala y después en el jardín.

La señora (alarmada): Pero, ¿cuántos van a ser?

El fotógrafo: Ordinariamente son cinco en cada sesión, pero si la mamá coopera pueden ser más. *(Y sacando del portafolio un álbum)* Me gustaría que antes viera algo de lo que he hecho. Tengo una técnica especial y única que ha gustado mucho a todas las señoras. Mire el retrato de este niño tan bonito, lo hice en un parque público a plena luz del día. ¡Cuánta gente se juntó para verme trabajar!. Tuvieron que ayudarme dos amigos, porque la señora era muy exigente y no quedaba satisfecha con nada de lo que yo hacía. Ahora vea estos mellizos, en esta ocasión sí que me lucí: lo hice en menos de cinco minutos. Llegué y ¡paf , paf!, un par de disparos y mire los gemelos que me salieron. Con este niño batallé un poco más porque la mamá era muy nerviosa y me hacía perder la concentración con sus constantes interrupciones; hasta que le dije que se diera la vuelta y que me dejara a mí hacerlo todo.

La señora, estupefacta, estaba cada vez más asustada y al borde del soponcio.

El fotógrafo: Pues bien señora, ¿a qué hora quiere que empecemos?

La señora (temblorosa): A la hora que usted diga.

El fotógrafo: Muy bien, empecemos ahora mismo. Tan sólo permítame ir a la camioneta a traer mi trípode.

La señora (espantada): ¿Trípode?

El fotógrafo: Sí, es que mi equipo es muy grande y necesito un trípode para apoyarlo, porque ni con las dos manos lo puedo sostener con garantías de que se mantenga firme mientras trabajo... ¿Señora?... ¿Señora?... ¿Qué le ha pasado? ¡Se desmayó de pronto!

Hay maneras y maneras de dar noticias. Y hay maneras de que las malas no parezcan tan malas.

A continuación un buen ejemplo de redacción epistolar para lograr ese efecto.

LA MALA NOTICIA
CARTA DE UNA HIJA A SUS PADRES

Queridos papá y mamá:

Desde que me vine a la academia he descuidado el escribiros y lamento no haberlo hecho antes. Ahora os pondré al corriente, pero antes sentaos. No leáis nada más, a menos que estéis sentados. ¿De acuerdo?

Bueno, pues me encuentro bien ahora. La fractura de cráneo y la conmoción cerebral que me produjo la caída al saltar desde la ventana de mi dormitorio, cuando este se incendió, se han curado perfectamente. Pasé sólo quince días en el hospital, ya veo casi con normalidad y sólo me afecta el dolor de cabeza una vez al día. Por fortuna, el incendio en el dormitorio y mi salto por la ventana fueron presenciados por un empleado de la gasolinera cercana, que avisó a los bomberos y a la ambulancia. Después vino a visitarme al hospital y como yo no tenía sitio donde vivir, a causa del incendio, fue tan amable que me invitó a compartir su vivienda. Se trata de un sótano, pero es muy cuco. Él es un muchacho excelente y nos enamoramos como locos, por lo que pensamos casarnos. Todavía no sabemos la fecha exacta, pero será antes de que se note mi embarazo.

Sí papás, estoy embarazada. Me consta lo mucho que os complacerá ser abuelos y estoy segura que recibiréis bien al bebé, dándole el mismo cariño, afecto y cuidados que tuvisteis conmigo cuando era pequeña.

La causa del retraso en nuestra boda se debe a una ligera infección que padece mi novio la cual nos ha impedido pasar las pruebas hematológicas prematrimoniales pues yo, descuidadamente, me he contagiado de él.

Estoy segura de que lo recibiréis en nuestra familia con los brazos abiertos. Aunque no es muy educado, es muy cariñoso y ambicioso. Su raza y religión son distintas de la nuestra, pero sé que vuestra tolerancia, frecuentemente expresada, no os permitirá enfadaros por esto.

Ahora que ya estáis al corriente de todo, quiero deciros que no se incendió mi dormitorio, no tuve fractura ni conmoción cerebral, ni fui al hospital, no estoy embarazada, no tengo novio, no sufro ninguna infección y no hay ningún muchacho en mi vida. Sin embargo, he sacado un suspenso en Historia y otro en Ciencias y quiero que veáis estas notas en su perspectiva adecuada.

Vuestra hija que os quiere.

CARTA DE UN AGENTE DE NEGOCIOS A UN CLIENTE DE PROFESION SASTRE

Amigo mío:

He recibido la solicitud que está muy mal hilvanada, los documentos mal zurcidos y todo el expediente largo de talle. Dígale usted a su abogado que buenas son mangas después de Pascua y que ya no se puede dar puntada en el asunto, sin que sea peor el roto que el descosido. El oficial del negociado ha leído la solicitud a retazos y dice que no sabe qué corte darle. La cosa, en mi sentir, no tiene hechura. Si se llega a descubrir el hilo del paño, tome usted bien las medidas, para que no se diga que es usted un hombre forrado en lo mismo. Bien entendido que si usted dice qué tijeretas han de ser, yo le responderé que no hay peor remiendo que el de la misma tela.

Suyo afmo. (Ilegible).

CONSEJOS PARA UN ASPIRANTE A ESCRITOR

1) Lo primero és conoser vien la hortografia.

2) Cuide la concordancia, el cual son necesaria para que Vd. no caigan el aquellos error.

3) Y nunca empiece por una conjunción.

4) Evite las repeticiones, evitando así repetir y repetir lo que ya ha repetido repetidamente sin evitarlo.

5) Use; correctamente. Los signos: de, puntuación,

6) Trate de ser claro; no use hieráticos, herméticos o errabundos gongorismos que puedan jibarizar las mejores ideas.

7) Imaginando, creando, planificando, un escritor no debe aparecer equivocándose, abusando de los gerundios.

8) ¡Oye, tío! no caigas en un lenguaje vulgar ¿vale?

9) Correcto para ser en la construcción, caer evite en trasposiciones.

10) Tome el toro por las astas y procure no caer en lugares comunes.

11) Si Vd. parla y escribe en castellano, Ok.

12) Voto al chápiro!... creo a pies juntillas que deben evitarse las antiguallas.

13) Si algún lugar es inadecuado en la frase para poner colgado un verbo, el final de un párrafo lo es.

14) ¡Por amor del cielo!, no abuse de las exclamaciones, ¡por Dios!

15) Pone cuidado en las conjugaciones cuando escribáis.

16) No utilice nunca la doble negación.

17) Es importante usar los apóstrofe's correctamente.

18) Procurar nunca los infinitivos separar demasiado.

19) Relea siempre lo escrito, y vea si palabras.

20) Con respecto a frases fragmentadas.

CARTA DE RECOMENDACIÓN

Mientras he trabajado con el Sr. Hernández, siempre le encontré

trabajando aplicadamente y con ganas en su mesa sin perder el tiempo o

charlando con sus compañeros de oficina. Raramente le vi

perdiendo el tiempo en cosas inútiles. Siempre consigue

terminar la tarea asignada en el tiempo previsto. Siempre está

profundamente implicado en su trabajo oficial y nunca se le ve

charloteando en la cafetería. No tiene ni pizca de

vanidad a pesar de su gran capacidad y profundo

conocimiento en su área. Creo que debe ser clasificado como

sobresaliente y en ningún caso se debería pensar en él como

prescindible; y opino firmemente que el Sr. Hernández debería ser

propuesto para el ascenso y un formulario oficial a la administración

echado tan pronto como sea posible.

Fdo.: El Jefe de Área

Una segunda nota seguía al informe:
El Sr. Hernández estaba presente mientras yo escribía el informe que le mandé hoy. Por favor, lea sólo las líneas impares (1,3,5,7,...) para conocer mi auténtica opinión sobre él.

LOS ACERTIJOS

1. UNO BREVE.

¿Qué palabra de cinco letras se hace más breve al añadirle más?

2. CAMBIAR AL CIERVO.

¿Qué pequeño detalle hay que cambiarle a un ciervo para que se transforme en otro animal?

3. MARCO DE LETRAS.

En el siguiente marco de letras se esconde un refrán muy conocido.

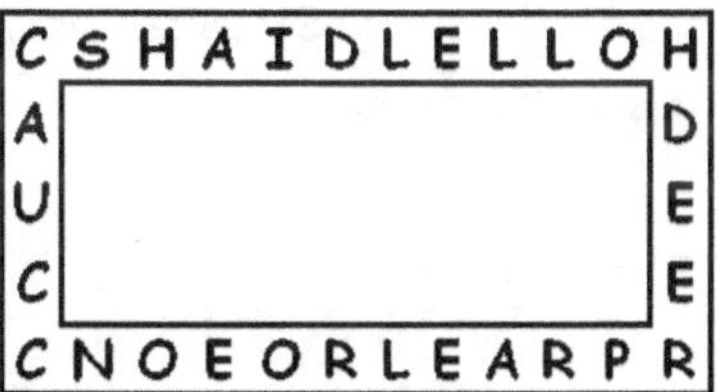

Empezando por una de las letras y, saltando siempre una, se da dos veces la vuelta al marco.

¿Cuál es el refrán?

4. SOND y SOND.

Las cinco letras "JASON" no forman el nombre del famoso héroe griego, ni tampoco las iniciales de algunos de los argonautas, sino que son simplemente letras que han sido colocadas siguiendo un determinado criterio.

Sin embargo, faltan algunas más, por delante y por detrás, para completar el grupo.

¿Sabría decir Vd. cuáles son esas letras que faltan?

5. GUSTOS EXTRAÑOS.

Mi compañero de oficina tiene unos gustos muy extraños.

Le gusta el color azul pero no le gusta el rojo.

Le gusta el agua y no el vino.

Le gusta estar enfermo más que estar sano.

Le gustan los entremeses y no el pescado.

Prefiere llevar un paraguas antes que un chubasquero.

Prefiere a los portugueses antes que a los franceses.

Duerme en un sofá en lugar de la cama.

Etc.

Conociendo parte de sus gustos, ¿cree Vd. que le gustarán los tomates o los aguacates?

6. JULIA ROBERTS.

La gran actriz Julia Roberts, además de tener belleza, fama, talento y riqueza, tiene algo que enseguida salta a la vista.

¿Sabe Vd. qué es?

7. SÓLO UNA.

Reordene las 19 letras siguientes para formar con ellas solamente una palabra.

NABMOLAENTERAPSUALA

8. ALUMNOS DIALOGANDO.

Carlos: Estaba buscando números cuyos nombres no tienen letras en común y los acabo de encontrar.

Raquel: Es interesante. ¿Son SEIS, TRES y OCHO?

Carlos: No. SEIS y OCHO no tienen letras en común, pero TRES y SEIS tienen dos letras en común, la E y la S.

Raquel: ¿Valen dos de los anteriores?

Carlos: Sí. Piensa un poco y encontrarás el tercero.

¿Podrá Vd. ayudar a Raquel a encontrar el tercero?

9. GRANUJA, GAMBERRO Y VILLANO.

Un granuja hace granujadas, un gamberro hace gamberradas y ¿un villano?

10. ECUACIÓN ORIGINAL.

Resuelva la siguiente ecuación:

Apellido + Animal = Animal

11. EN EL CENTRO.

¿Qué ciudad está todavía en el centro de la antigua Checoslovaquia?

12. PAÍS AFRICANO.

¿Qué país africano de 7 letras, tiene por nombre en inglés el que resulta de intercambiar la segunda y la quinta letras de su nombre en castellano?

13. LAS PALABRAS OCULTAS.

En el siguiente texto *(tomado del libro: Barry Townsend, Charles. "Acertijos Clásicos" Ed. Selector, 1994)* hay 9 palabras ocultas, la mayoría son nombres de frutas.
Si se fija Vd. bien, seguramente las encontrará.

"Yo lo supe razonablemente pronto,
como me lo narraron te lo cuento,
algunos pasan días y días
en que se queman gozosos,
buscando cómo racionalizar
y acompasadamente lograr
la destreza potencial desarrollar,
y que los calmen dramáticamente.
Y tú, tunante, ¿qué buscas?"

14. LA MONJA.

¿Qué particularidad presenta la siguiente frase?
"Así mal oirá sor Rosario la misa"

15. ¿QUÉ NÚMERO QUITARÍAS?

Este acertijo es tramposo,
piense antes de responder,
seguro que se equivoca,
si lo mira del revés,
por eso yo le aconsejo,
que procure leerlo bien.
¿Qué número quitaría,
sin borrarlo del papel,
de la palabra decretos,
para quedarse con tres?

16. NÚMERO CON CINCO VOCALES.

Se nos ocurrió buscar el número más alto que tenga en su nombre las cinco vocales, sin repetirlas.

Tras mucho pensar, llegamos al 91.000 *(noventa y un mil)*. ¿Habrá otros?

17. PALABRA INCORRECTA.

¿Qué palabra de quince letras todos los licenciados en filología por la Universidad de Salamanca escriben incorrectamente por mucho que se empeñen en escribirla correctamente?

18. UNA, DOS, TRES, ...

Yo tengo una, usted dos, mi madre tres, mi abuelo cuatro, el presidente cinco...

¿Quién soy?

19. SEGUNDO DÍA.

¿Cómo debe pronunciarse: el segundo día de la semana es martes; o el segundo día de la semana es el martes?

20. ONE, TWO, THREE, ...

Si Vd. enseña a alguien los números en inglés, ¿en qué número aparece por primera vez la letra "a"?

21. DEPORTE PARA INTELIGENTES.

¿Cuál es el deporte que exige más inteligencia?

22. CINCO TIEMPOS VERBALES.

¿Cuál es la palabra de dos consonantes y dos vocales que cambiando sucesivamente una sola vocal, resulte en las nuevas palabras cinco tiempos verbales?

23. DICCIONARIO ALFABÉTICO.

El diccionario que compré esta tarde es meticuloso como ninguno.

Se toma tan a pecho lo del orden alfabético que en vez de anotar las palabras tal como son, reordena antes sus letras alfabéticamente.

Por ejemplo, la palabra EJEMPLO figura como EEJLMOP. ¿Cuales serán sus dos últimas palabras?

24. ALGO EN COMÚN.

¿Qué tienen en común las siguientes palabras?
SISTEMA, ROBE, LINO, GRUESA

25. GENTILES.

Tengo amigos por toda España; Antonio es natural de Amurrio (Álava), Gaudioso es de Guisando (Ávila) y Teófilo de Tudela (Navarra).

Estos tres, a pesar de ser de localidades tan diferentes y distantes, tienen algo en común, ¿sabe Vd. qué puede ser?

26. NÚMEROS ALFABÉTICOS.

Imagine ordenados alfabéticamente los números del uno al mil. La lista sería: 14, 100, 114, 105, 150, 155, etc.

¿Cuál es el último de la lista?

Si la lista va del 1 al 2.000, el último sería el mismo.

¿Hasta qué número habrá que extender la lista para que el último, alfabéticamente, sea otro?

27. DE CUATRO Y SEIS.

¿Qué palabra de cuatro letras contiene seis?

28. BUSQUE LA ORIGINAL OMISIÓN.

- ¿Un unicornio en Pekín? - Preguntó el señor Wilson.

- Observe bien y no se equivoque - sugirió Zun Yun Chin.

- Oh, perdón. Bien visto, eso no es un cuerno.

- Muy justo. ¿Entonces?

- No es Pekín, sino México.

- Perfecto. ¿Y el unicornio?

- ¡Demonios! ¡Es sólo un sueño!

- ¿Y qué es lo que en este cuento se omite?

- No lo sé. Pero, por Dios, ¡Déjeme seguir durmiendo!

¿Puede Vd. descubrir lo que se omite en el cuento?

29. PREGUNTA DE GRAMÁTICA.

Un alumno no sabía nada de gramática.

El maestro le dijo: *"Dime dos pronombres"*.

El alumno contestó correctamente sin darse cuenta.

¿Qué respondió?

30. GRAN PALABRA.

¿Qué palabra tiene 5 sílabas y más de 20 letras?

31. PRIMEROS AUXILIOS.

Si Vd. encuentra a un moribundo y quiere saber si sigue siendo un moribundo o ya lo ascendieron a muerto, dele a leer una letra, consonante para más señas, y saldrá de dudas.

¿Qué letra deberá utilizar y por qué?

32. DE AVE A ....

¿Cuál es aquella ave que, quitándole una vocal, se convierte en un ser humano que vive a costa de los demás?

33. FAMOSO PROVERBIO.

Se muestra a continuación un proverbio muy conocido con las consonantes quitadas:

U*A *U**A*A A *IE**O A*O**A *UE*E

¿De qué proverbio se trata?

34. LETRAS Y NÚMEROS.

¿Qué letra sigue en la siguiente serie?

C, D, I, L, M, V, ...

35. CAFÉ O CERVEZA.

Merce, Elena y Teresa están tomando café.

Bertín, Eva y Daniel están bebiendo cerveza.

Usando la lógica, Manolete, ¿está tomando café o bebiendo cerveza?

36. PALABRA ERÓTICA.

¿Cuál es la palabra más erótica que existe?

37. NUNCA DEBE PRONUNCIARSE.

¿Qué palabra de nuestro vocabulario nunca debe pronunciarse?

38. CON LA LETRA "E".

Comienzo con la letra e, termino con la letra e, contengo solamente una letra y a pesar de todo, no soy la letra e.
¿Quién soy?

39. AUMENTATIVOS Y DIMINUTIVOS.

Los siguientes aumentativos y diminutivos de nuestro idioma no tienen nada que ver:

col-colín, gorro-gorrón, bomba-bombilla.

Escriba Vd. algún otro.

40. CON WINDOWS.

¿Qué palabra de cinco letras tiene tres consonantes iguales, dos vocales diferentes y Vd. ve muy a menudo mientras trabaja con su PC utilizando Windows?

41. NO SE ACENTÚA.

¿Qué palabra esdrújula no se acentúa?

42. CURIOSO NOMBRE.

¿Cuál es el nombre de persona masculino, de cuatro sílabas ABCD, que reordenándolas a CDAB vuelve a ser otro nombre de persona también masculino?

43. MI TIO LEYENDO.

Estando mi tío Ángel, el del pueblo, leyendo el periódico se encontró con el siguiente titular: *"Los condicionamientos que perfilan la presente coyuntura estructural impiden que sea promocionada la evasión de la inveterada estática peculiar del agro".*

¿Qué cree Vd. que hizo al terminar de leerlo?

44. PALÍNDROMO MÁS LARGO.

¿Cuál es la palabra capicúa (palíndromo) más larga?

Define según el diccionario "examinar con cuidado a una persona o cosa".

45. LA VERDAD.

Averigua esta verdad:
¿POR QUÉ MI TÍO JESÚS
DUERME SIEMPRE CON LA LUZ
EN COMPLETA OSCURIDAD?

46. ALFABETICOVOCÁLICA.

En la palabra "AYUNTAMIENTO", están las cinco vocales más la "y", pero no en orden alfabético y la "a" está repetida.

¿En qué palabras están las cinco vocales más la "y" en orden alfabético y cada una solamente una vez?

Ejemplos con cuatro: ARGENTINO, CAMERINO, CATECISMO, MAGNESIO...

47. CURIOSIDAD LINGÜÍSTICA.

El verbo "poner" no hay duda de que es uno de los más zarandeados de la gramática y uno de los que se prestan al gusto de todos.

Observe la siguiente lista:

La gallina PONE

El calumniador su

El chismoso indis

El entrometido se inter

El Estado im

El industrial ex

El juicioso re

El ladrón tras

El operario com

El orgulloso se sobre

Complete la siguiente:

El prudente	-	PONE
El químico	-	
El remendón	-	
El testarudo	-	
El testigo	-	
El vanidoso	-	
El viajero	-	
El hombre	-	
Y Dios	-	

48. CON LAS LETRAS "U" Y "E".

Comienzo con la letra u, termino con la letra e y a pesar de todo contengo solamente una letra.

¿Quién soy?

49. NOMBRE PROPIO + ANIMAL.

No es fácil pasar a la historia asociando el nombre propio al de un animal. Ni Walt Disney, ni el comandante Cousteau lo consiguieron. Sin embargo, hay muchos que lo han conseguido sin proponérselo. Damos a continuación una lista de ellos.

1) Tarzán y los monos.
2) Caperucita y el lobo.
3) Jonás y la ballena.
4) Androcles y el león.
5) San Bernardo y el perro.
6) Guisando y los toros.
7) La Loles y el conejo.
8) Mª Jesús y los pajaritos.

¿Sabrá Vd. continuarla aunque sea de forma humorística?

50. PALABRA LARGUÍSIMA.

¿Qué palabras de 23 o más letras podemos pronunciar en castellano?

51. LOCOS EL 50%.

¿Por qué la mitad de los abogados están locos?

52. NOMBRE DE MUJER.

¿Qué nombre de mujer cae entre dos notas musicales?

53. DICHOSA SEA LA HORA (1).

Tres jovencitas llegan con sus mochilas y petates al hostal de un pueblo.

El recepcionista comprueba el libro de registro y les comunica que no tiene una habitación para ellas.

¿Qué hora es?

54. CINCO VOCALES.

Averigüe cuál es la siguiente letra en la serie:

A, B, E, F, I, J, O, P, U, ...

55. AL CIELO, TODOS NO.

¿Por qué todas las personas del mundo no pueden ir al cielo?

56. CUATRO VOCALES IGUALES.

¿Qué nombre propio femenino contiene solamente cuatro vocales y todas son iguales?

57. UNA SOLA PALABRA.

Reordene las letras de "PALA URBANA SOLA" para formar una sola palabra que no sea nombre propio ni voz extranjera.

58. PRECIOSA POESÍA.

¿De qué se habla en la siguiente poesía?

Dime, si eres entendido,
esto cómo puede ser;
ni tres son menos que cuatro,
ni dos son menos que tres.

Dos son tres si bien se advierte;
tres son cuatro si se mira;
cuatro seis, y de esta suerte,
seis son cuatro sin mentira.

59. HABLAR CORRECTAMENTE.

Para los que les importa hablar correctamente, ¿cómo se debe decir, "la yema es blanca" o "la yema está blanca"?

60. ÚNICO NÚMERO.

¿Cuál es el único número que tiene tantas letras como indica su cifra?

61. DE VINOS.

Si usted llega a un restaurante y se sienta en una mesa, ¿qué es lo primero que le dice el camarero?

62. PEZ Y AVE.

¿Cuál es el nombre de un pez que quitándole la letra n de su nombre queda el de un ave?

63. DICHOSA SEA LA HORA (2).

Dos amigos están en un bar de alterne.

Tras invitar a un par de chicas en la barra, entran los cuatro en un reservado.

¿Qué hora es?

64. DEL PROFESOR.

Preguntaba reiteradamente un profesor mío: "¿Son mulas o cívicos alumnos?"

¿Qué particularidad presenta dicha pregunta?

65. ¿QUÉ MES REPITE B?

¿Qué mes repite "b"? Si alguien lo sabe,
mejor es que repase ortografía,
y piense que "nobiembre" es falta grave,
y que con uve mejor lo escribiría.
De entre los otros once no hay ninguno.
¿Mas qué quitaste en la inicial pregunta
para encontrar un mes, al menos uno,
que oculto en anagrama se barrunta?

66. SOBRE LAS PANVOCÁLICAS.

Las palabras panvocálicas son las que usan las cinco vocales sin repetirlas: acuífero, aurífero, aguileño, meditabundo, conceptuáis, simultáneo, etc.

¿Podrá Vd. aumentar esta lista?

Claro, con palabras aceptadas por el diccionario de la Real Academia.

Pueden ser verbos conjugados, pero no nombres propios.

67. PALABRA DEFECTUOSA.

¿Qué palabra de quince letras pronuncian defectuosamente todos los locutores profesionales?

68. EL PAÍS DE MI SOBRINO.

En un país imaginario inventado por mi sobrino hay solamente una ley.

Esta ley permite que haya mujeres pero no hombres; aunque puede haber niños y niñas.

Se pueden comer salchichas y pizzas, pero no carne ni pescado.

Hay pimienta, pero no sal.

Hay tomates, pero no peras.

Hay coches, pero no patines.

Hay puertas, pero no ventanas.

Etc.

¿Cuál es esa única ley?

69. SATISFECHO Y CONTENTO.

Según el diccionario de la Real Academia, "satisfecho" y "contento" son sinónimos, es decir, quieren significar la misma cosa.

¿Sabría Vd. poner un ejemplo en el que no sea así?

70. LOS NOMBRES MÁS CORTOS.

¿Cuáles son los tres nombres de persona más cortos?

71. COMER LA LIEBRE.

Un cazador va de caza,
hoy come la liebre,
y mañana la mata.
¿Cómo es posible?

72. ANTE UN LAMENTO, DOS.

Si ponemos dos ante un lamento tendremos la solución.
¿De qué se trata?

73. CON SENTIDO.

"Un X es un Y, pero un Y no es un X".
Substituya X e Y por palabras para hacer que la oración tenga sentido.

74. EN LA ESCUELA.

Calcule el siguiente elemento de la serie:
u, d, t, q, c, s, s, h, n, ...

75. NOMBRE PROPIO.

Resuelva esta sencilla adivinanza:
En marcar está el comienzo
y en mentir está el final,
el final es el comienzo
y el comienzo es el final,
solucione este problema
y mi nombre acertará.

76. ROMANO MÁS LARGO.

¿Qué número comprendido entre 1 y 1.000 necesita más letras para ser representado según la numeración romana?

77. JAMÁS DEBE PRONUNCIARSE.

¿Qué palabra del vocabulario jamás debe pronunciarse?

78. SIETE LETRAS.

Siete letras tiene mi nombre,
que siete nombres esconde,
dos de varón y cinco de mujer.
¿Qué nombre es?

79. EL ANIMAL IDEAL.

De las expresiones populares podría salir un prototipo de animal ideal.

1) Cabeza de jabalí.
2) Pelos de erizo.
3) Orejas de burro.
4) Ojos de besugo.
5) Moco de pavo.
6) Boca de ganso.

¿Sabría Vd. añadir alguna más a la lista?

80. CON LAS LETRAS DE CARLOS.

Encuentre nombres propios de persona que no tengan ninguna letra de las de la palabra CARLOS.

81. DÍAS CAMBIADOS.

¿En qué lugar está el jueves antes que el miércoles?

82. QUÍMICA SIMBÓLICA.

Con los símbolos de los elementos químicos dados a continuación forme Vd. el nombre de otro elemento químico.

Oxígeno-Oxígeno-Tántalo-Silicio-Fósforo

83. MENUDA OBRA MAESTRA.

¿Cuál es el título de una obra maestra escrita tan sólo en cinco líneas?

84. ANIMAL CEREAL.

¿Qué animal dándole la vuelta se convierte en cereal?

85. DÍA DE LA SEMANA.

Este enigma está basado
en los días de la semana,
se trata de averiguar,
mejor hoy que mañana,
la solución adecuada.
¿Qué día de la semana
se oculta con anagrama
en una de estas palabras?

86. SEIS VECES.

¿Qué palabra contiene la vocal "e" repetida seis veces?

87. INVARIABLEMENTE MAL.

¿Qué palabra de uso común en castellano pronuncian invariablemente mal todos los estudiantes universitarios de Salamanca?

88. SÓLO AL DECIRLO.

Es cierto solamente en el momento que usted lo dice.

No vuelve a serlo hasta que usted lo dice otra vez.
¿Qué es?

89. PEDIR PERMISO.

Alfonso: Papá, ¿puedo traer a unos amigos a casa?

El padre: "No, claro que no".

A pesar de la contestación del padre, Alfonso llevó a sus amigos a casa tan fresco.

¿Por qué?

90. SUPRIMIENDO SÍLABAS.

¿Cuál es la palabra que significa autónomo y a medida que se le va quitando la primera sílaba, resultan cuatro palabras que expresan respectivamente un servidor, una alhaja, un huesecillo humano y una bebida?

91. EL FIN DEL GRAPO.

¿Qué ocurrirá cuando desarticulen al GRAPO?

92. SIN BORRAR.

Si tiene escrito en un papel la palabra "uno", ¿cómo haría Vd. para que, sin borrarla, desaparezca?

93. CURIOSO LUGAR.

En la tierra existen muchos sitios en los que "ayer" es anterior a "hoy".

¿Qué sitios son esos?

94. NI EN UNA SEMANA.

¿Qué representa la siguiente secuencia?

O, S, S, S, S, S, O

Apuesto a que no lo saca Vd. ni en una semana.

95. ENIGMA ESCONDIDO.

Descubra el enigma escondido en los siguientes versos de Cristóbal Pérez Herrera:

Estoy de discreción rica:
ningún necio me entendió.
Y si el ingenio se aplica,
gustará quien me leyó.
Mi principio significa
a cualquiera, quién soy yo.

96. PARA QUEDARSE HELADO.

¿Qué palabra contiene la vocal "a" repetida seis veces?

97. PALABRA INCÓGNITA.

Buscamos una palabra de 5 letras.

- La palabra MAGIA tiene exactamente dos de sus letras, colocadas en el mismo lugar.
- La palabra TRUCO tiene dos de sus letras ubicadas en el mismo lugar y otra en un lugar diferente.

¿De qué palabra se trata?

98. AZÚCAR EN EL CAFÉ.

¿Cómo puede Vd. poner un terrón de azúcar en el café sin que se le moje?

Naturalmente, después de haberlo sacado de su papel o plástico.

Que los signos de puntuación son importantes no cabe la menor duda, pero, ¿se ha parado Vd. a pensar que su ausencia o mala colocación puede dar al traste con el mensaje que deseamos comunicar?

Por ejemplo, no es lo mismo decir: "Dame el libro gordo" que "Dame el libro, gordo", "Estoy contigo, no con él" que "¿Estoy contigo? No. Con él".

El siguiente ejemplo es mucho más ilustrativo.

99. ¿CUÁL ES LA AMADA?

Un joven anda "tonteando" con tres hermanas.

Hasta que estas un día le presentan un ultimátum: debe decidirse por una.

El joven les contesta con un escrito que al día siguiente les entrega en mano. Al tiempo que les anuncia que debiendo marchar urgentemente de viaje no ha podido puntuar la respuesta, encargando a ellas que coloquen los correspondientes signos.

Se marcha y las mozas se lanzan esperanzadas sobre el papel, cuyo contenido viene en verso. Leen:

Juana Teresa y Leonor
puestas de acuerdo las tres
me piden diga cuál es
la que prefiere mi amor
Si obedecer es rigor
digo pues que amo a Teresa
no a Leonor cuya agudeza
compite consigo ufana

> *no aspira mi amor a Juana*
> *que no es poca su belleza.*

Teresa lo vio claro: ella era la elegida:

> *Si obedecer es rigor,*
> *digo, pues, que amo a Teresa.*
> *No a Leonor, cuya agudeza*
> *compite consigo ufana.*
> *No aspira mi amor a Juana,*
> *que no es poca su belleza.*

Mas Leonor le respondió que había más signos en la gramática además del punto y de la coma.

¿Qué les parecería esto a sus hermanas?

> *Si obedecer es rigor,*
> *¿digo, pues, que amo a Teresa?*
> *No. A Leonor, cuya agudeza*
> *compite consigo ufana.*
> *No aspira mi amor a Juana,*
> *que no es poca su belleza.*

Entonces Juana, alertada por las interrogaciones introducidas por Leonor y atendiendo al piropo que el galán le dedicaba, discurrió que ella era la elegida y que el versillo podía puntuarse así:

> *Si obedecer es rigor,*
> *¿digo, pues, que amo a Teresa?*
> *No. ¿A Leonor, cuya agudeza*
> *compite consigo ufana?*
> *No. Aspira mi amor a Juana,*
> *que no es poca su belleza.*

Con lo que el enigma no se aclaraba.

Hubieron de esperar al regreso del joven, que demostró ser un frescales, falto sobre todo de delicadeza.

Teniendo en cuenta que ninguna de las tres era la elegida, ¿cuál sería la puntuación del verso?

100. APELLIDO FAMOSO.

¿Sabría Vd. formar un apellido muy famoso con las letras de la palabra LADRÓN?

101. DIECISÉIS A NUEVE.

Si Vd. tiene 16 palillos, ¿cómo los transformaría en 9 sin eliminar ninguno?

102. MIDIENDO CON VARAS.

La vara es una medida de longitud, ya en desuso, equivalente a 835'9 mm.

¿Qué palabra mide más que una vara?

103. REDONDO-REDONDO.

El número 61030 es "cuasi-redondo", pues bastan dos trazos rectilíneos para que sea totalmente redondo.

¿Cuáles son?

104. FRASE ORDENADA.

¿Qué característica advierte Vd. en la siguiente frase?

"Artes inocuas ves, si no una tres,

dijo un argentino..."

105. ASEQUIBLE LUGAR.

Aunque soy un ingeniero ruso, en este lugar siempre soy el último.

¿A qué lugar se refiere?

106. PITÁGORAS Y LAS CINCO VOCALES.

¿Qué palabra, de cinco sílabas, tiene algo que ver con Pitágoras y contiene las cinco vocales?

107. UNA NUEVA FRASE.

Forme Vd. una nueva frase con las letras de "AUN SE VAN FUERA".

108. EL PESO EXACTO.

El charlatán de la feria decía: *"Si en este papel, alguien es capaz de escribir su peso exacto, yo le daré 100 euros, en caso contrario, le cobraré 50 euros. ¡Anímense!".*

Un chico aceptó el reto enseguida y ganó.

¿Cómo es posible?

109. LENGUA MACHISTA.

¿Por qué el castellano es una lengua machista?

110. DE POSTRE.

¿Cuál es el país que tiene nombre de postre?

111. ANIMAL MÁS PESADO.
¿Cuál es el animal que más pesa?

112. PARADOJA MECÁNICA.
¿Por qué los camiones que transportan leche de vaca son una paradoja mecánica?

113. TIPOTEANDO.
Tipotear es un verbo muy sencillo de descubrir.

No se puede tipotear en la calle, en la iglesia, en una oficina pública...

Se puede tipotear en el baño.

En la playa se puede, pero no del todo.

Hay que tener ropa puesta para poder tipotear.

Es imposible tipotear sin ropa.

¿Sabe ya Vd. lo que es tipotear?

114. SOND y SOND.
Las letras iniciales de los números 7, 8, 9 y 10 forman la secuencia SOND.

¿Las iniciales de qué otros cuatro elementos, tomados también en orden, dan la misma secuencia?

115. EL LORO TARTAMUDO.
Un vendedor de pájaros elogia a su loro ante un cliente: *"En un par de días aprende todo lo que se le dice".*

El cliente compra el loro.

A los cinco días lo devuelve porque el loro es tartamudo.

¿Qué cree Vd. que contestó el cliente cuando el vendedor le preguntó por el motivo de la devolución?

116. SERIE.

¿Qué palabra castellana repite sus letras como si de una serie numérica se tratara?

117. REORDENANDO REPETIDAS.

Reordenando las letras de EN+EN formamos la palabra NENE.

Reordenando AM+AM formamos MAMA.

Reordenando AR+AR formamos RARA.

Reordenando OS+OS formamos SOSO.

Encuentre Vd. la palabra que se forma reordenando:

a)   SEGAR+SEGAR.

b)   QUILOS+QUILOS.

c)   CORISTA+CORISTA.

d)   GERA+GERA.

118. DEDICATORIA.

"Con sincero sentimiento te dedico este libro en recuerdo de los tiempos del Instituto. Espero que te choque, en el primer momento, lo premioso de mi envío, pero pronto notes que existe un motivo coherente con el contenido mismo del libro, y es que este escrito de remisión, que tiene porte corriente, es en sí mismo un torete que espero detectes y soluciones, diciendo por qué no es un escrito corriente y moliente, como pudiste creer".

Esta dedicatoria, constituye un problema que tal vez pueda Vd. resolver.

119. CUATRO CONSONANTES SEGUIDAS.

Sin transgredir las reglas de ortografía, construir al menos tres palabras del idioma castellano, que contengan cuatro consonantes seguidas.

120. ALQUIMIA.

Tome un elemento químico, quítele su respectivo símbolo y quedará convertido en oro.

121. EL PAÍS 1.090.

¿Qué país se queda en 1.090 si le quitan las vocales?

122. NOMBRE MÁS LARGO.

De los números del 1 al 1.000, ¿cuál es el que tiene en el nombre la mayor cantidad de letras?

123. SOPA DE LETRAS.

Dada la frase "ROJA ES LA ROSA, AZUL LA VIOLETA", escribimos una debajo de otra todas las palabras:

ROJA

ES

LA

ROSA,

AZUL

LA

VIOLETA

Ahora leyendo en columna, comenzando desde la izquierda, se obtiene:

RELRALVOSAOZAIJSUOAALL,ETA

Halle la frase que, desordenada según el procedimiento anterior se transforma en:

SUCNHEEÓONOOASLLLASYVOA.IDO

124. EN GUARDIA.

¿Qué particularidad presenta la siguiente frase?

"Al león le oyó él, no ella"

125. LA AMABILIDAD.

El siguiente diálogo fue real entre un padre y un hijo

Padre: No olvides hijo, que la amabilidad es lo único que no cuesta dinero.

Hijo: Eso lo dices tú, intenta... y te darás cuenta de lo que cuesta.

¿A qué se refería el hijo?

126. CIUDAD CON LAS CINCO VOCALES.

¿Qué ciudad española, costera y del sur, tiene en su nombre las cinco vocales?

127. FRASES INCOMPLETAS.

Las palabras de las siguientes frases están ordenadas lógicamente y sólo una de las que se dan a continuación la puede completar. ¿Cuál?

   a) "A la luz todo tiene ... violeta"
                            color, aspecto, pelaje
   b) "Perro callejero posee innumerables ..."
                      pulgas, accesorios, ilusiones, vocaciones
   c) "Clotilde nunca quiere traer consigo ..."
                        perchas, gatos, almidón, agua
   d) "Con una mirada descubrió ..."
                  octogenarios, caníbales, murciélagos, elefantes

128. ¿DISCURSO PLAGIADO?

Observe la siguiente conversación:

Alumno: Don Andrés, ayer vi en un libro, palabra por palabra, todo el discurso que Vd. pronunció el sábado ante el Rey
Don Juan Carlos.

Profesor: Imposible, el discurso lo escribí yo y era totalmente original.

Alumno: Pues, créame, le puedo traer mañana el libro en
el que lo vi.

Profesor: Tráigalo y ya hablaremos.

Si ambos tenían razón, ¿cómo es posible?

129. DÍAS CONSECUTIVOS.

¿Puede Vd. nombrar tres días consecutivos sin usar las
palabras lunes, martes, miércoles, jueves, viernes, sábado y
domingo?

130. SIN REPETIR LETRAS.

¿Cuál es la palabra más larga sin letras repetidas?

131. ANIMAL, ANIMAL.

¿Cuál es el animal que es dos veces animal?

132. CUATRO MENOS UNA.

¿Qué palabra de cuatro letras, si le quita Vd. una, queda una?

133. MENSAJE OCULTO.

En el cuadro 4x4 adjunto había anotado un mensaje, que podía leerse de izquierda a derecha y de arriba abajo, pero fue extraído letra a letra.

				ENSU
				EMNS
				AEFJ
				ACIL
AAEM	CEJS	EINU	FLNS	

En cada línea horizontal y vertical están en orden alfabético, las letras que allí estaban.

Se trata de volver a ponerlas en el cuadro y así reconstruir el mensaje.

134. PRIMERO ...

¿Qué letra sigue en la siguiente serie?

P, S, T, C, Q, ...

135. CONVERSACIÓN TELEFÓNICA ILÓGICA.

Suena el teléfono en casa.

Mi mujer: Buenos días, dígame.

Interlocutor: Buenos días. ¿Puedo hablar con su marido?

Mi mujer: Ha salido. ¿Quién lo llama?

Interlocutor: José Szcrych. Él tiene mi n° de teléfono.

Mi mujer: No comprendí bien su apellido. ¿Podría deletreármelo, por favor?

Interlocutor: Tome nota: Szcrych. S de sol, Z de zapato, C de cloro, R de...

Mi mujer: Perdón, ¿c de qué?

Interlocutor: C de cloro. R de razón, Y de yunta, CH de chaleco.

Mi mujer: Gracias, señor.

Sorprendido, mi hijo Carlos que escuchó el diálogo anterior, nos hizo notar que en la conversación había ocurrido algo totalmente ilógico.

¿Puede Vd. descubrir de qué se trataba?

136. CONSONANTES Y VOCALES ALTERNADAS.

¿Cuál es la palabra más larga en la que consonantes y vocales se alternan, es decir, aquélla en la que no aparecen dos vocales seguidas, ni dos consonantes seguidas?

137. FUGA DE VOCALES.

¿Será Vd. capaz de completar la frase con todas ellas?

T_d_s l_s m_ñ_n_s, _l s_l r _l s_l p_r _nc_m_ d_ l_s m_nt_ñ_s, s_ p__d_ c_nt_mpl_r l_ m_s b_ll_ __r_r_.

138. EL DADO DE LAS LETRAS.

Un juego que consiste en formar palabras, utiliza dados con una letra en cada cara.

Uno de estos dados se ve en la figura en tres posiciones.

¿Qué letra está en la cara opuesta a la que ocupa la H?

139. LA AMBIGÜEDAD.

Se define como un doble sentido por diversas interpretaciones semánticas por polisemia (varios significados de una misma palabra) u homofonía (diferentes palabras con idéntico sonido).

Son múltiples los juegos de palabras, chistes, frases ingeniosas y demás que se basan en la ambigüedad. Veamos un ejemplo:

El testamento

Historia sobre dos hermanos avariciosos, su hermano pequeño y un padre moribundo dispuesto a escarmentar a sus hijos mayores.

Tras la muerte del padre, el notario leyó el testamento que decía: *"Dispongo que después de mi muerte sean mis dos hijos mayores los que dividan la herencia en las partes que consideren convenientes y que sean estas del tamaño que ellos juzguen apropiado. Y dejo a mi hijo pequeño lo que ellos quieran".*

Los dos mayores deciden quedarse con la mayor parte de la herencia y para ello la dividen en tres partes. Una de ellas mínima para el hermano pequeño y el grueso de la herencia dividido en dos enormes partes iguales para ellos dos. Comunican al notario su decisión y tras la pertinente firma de documentos este les hace saber que las dos partes grandes son para el hermano pequeño y que a ellos les ha correspondido la parte más exigua.

Los hermanos mayores: ¡Cómo es ello posible! ¿No piensa cumplir las palabras de nuestro padre?

¿Qué cree Vd. que les dijo el notario?

140. "DAD" - "ION".

Escriba una palabra que comience y termine por "dad" y otra que comience y termine por "ion".

141. ADIVINANZA MUY DIFÍCIL.

Encuentre una palabra que tenga cinco veces la letra i.
Advertencia: Si no se busca con mucha disciplina, la solución es muy difícil.

142. QUITAR LA SÍLABA DEL MEDIO.

¿Cuál es la palabra de tres sílabas a la que puede quitarse la del medio sin que pierda su significado?

143. DAVID Y LA ARISTOCRACIA.

David es un hombre sencillo, humilde, bien educado eso sí, pero más pobre que las ratas.

Es un perfecto ejemplar de pueblo llano, pues entre sus antepasados no hubo nunca un título nobiliario, ni siquiera de bachiller.

Pues bien, a pesar de eso, David se codea y alterna con los aristócratas, no como criado, sino de igual a igual y con todo derecho.

¿Por qué?

144. ORDENANDO NÚMEROS.

Ordene los números del 1 al 9 de modo que el nombre de cada número tenga una y solamente una letra en común con el nombre del anterior.

145. LOS CUATRO DE LA FAMILIA.

La ficha adjunta contiene los nombres de cuatro personas de una misma familia.

```
GERMAN
MANUEL
MARISA
ISABEL
```

Es muy fácil separar unos nombres de otros mediante tres líneas rectas.

```
GERMAN
MANUEL
MARISA
ISABEL
```

Pero, ¿sabría Vd. separarlos con sólo dos líneas rectas?

146. POR PARTIDA DOBLE.

RARA, TRATAR Y AGREGARÉ son palabras en las que cada una de sus letras figura dos veces.

Encuentre alguna palabra con esa característica y que sea más larga que las anteriores.

147. LOCOMOCIÓN.

Cada cuadrado oculta un medio de locomoción.

J E R	I V L	R C N
C A	C H	A V
U R A	O E U	A A A

¿Cuales son?

148. SUMAS EXTRAÑAS.

Observe las siguientes sumas, un tanto extrañas:

UNO + SIETE = OCHO

SEIS + CUATRO = DIEZ

CINCO + CINCO = DIEZ

DOS + NUEVE = OCHO

CUATRO + CINCO = ONCE

TRES + OCHO = ???

Las tres primeras parecen normales, pero las dos que siguen son un poco raras.

¿Será Vd. capaz de completar la última?

149. LA VACA EN LA BACA.

El profesor de lenguaje hace un dictado a sus alumnos: *"Sobre la baca del coche instalé la vaca suiza que compré en el mercado; pero cuando llegué a casa me di cuenta de que había perdido las dos ... ".*

¿Cómo se debe escribir la palabra final del dictado?

150. NOMBRES PROPIOS FEMENINOS.

Escriba nombres propios femeninos que no tengan su correspondiente masculino. Por ejemplo: Ana, Eva, ...

151. A CABALLO Y A PIE.

El otro día mi primo Carlos iba por un puente a caballo y sin embargo iba a pie.

¿Será posible?

152. SIN ALGUNA DE SUS LETRAS.

Encuentre un nombre de persona tal, que no haya ningún otro nombre de persona que no lleve alguna de sus letras.

153. SEÑORITA LICENCIADA.

Una señorita, licenciada ella, increpaba a su novio dando muchas voces.

No puedo imaginar lo que él le había hecho, pero debió ser algo gordo, ya que ella muy enfadada, le decía: *"¡Caradura! ¡Feo! ¡Cochino! ¡Cafre! ¡Landrú!"*.

¿En qué estaba licenciada esta señorita?

154. PRINCIPIO Y FIN.

¿Qué representa la siguiente secuencia?

6, 8, 62, 63, 66, 72, 73, 76, 81, 84, ...

155. REGALO DE REYES.

Carlos y Daniel comenzaron el año solamente con 6 euros cada uno.

No pidieron prestado ni robaron nada.

El día de Reyes de ese mismo año tenían más de 6 millones de euros entre los dos.

¿Cómo lo hicieron?

156. LARGA, LARGUÍSIMA.

¿Qué palabra contiene la vocal "e" repetida siete veces?

157. UNA FRASE CORTA.

Forme Vd. una frase corta utilizando exclusivamente las siguientes letras:

A-C-E-R-N-U-T-A-F-O-R-A-S

158. ADIVINO EN EL FÚTBOL.

Octavio Aceves, famoso por sus proezas psíquicas, es capaz de decir el tanteo de un partido de fútbol antes de que comience el encuentro.

Hasta ahora nunca ha fallado.

¿Será posible que acierte siempre?

159. DE MILENIOS.

Cómo debe decirse:

a) El segundo milenio comenzó el 1 de enero de 2000.

b) El segundo milenio comenzó el 1 de enero del 2000.

c) El segundo milenio comenzó el 1 de enero de 2001.

d) El segundo milenio comenzó el 1 de enero del 2001.

160. NOMBRES PROPIOS MASCULINOS.

Escriba nombres propios masculinos que no tengan su correspondiente femenino. Por ejemplo: Raúl, Pedro, ...

161. TELEGRAMA DE IDA Y VUELTA.

Cuando el marido estaba de viaje de negocios envió un telegrama a su mujer que decía: *"Perdí tren, saldré mañana misma hora, abrazos Pepe".*

Su mujer le contestó con otro telegrama.

¿Cuál cree Vd. que fue el contenido del telegrama enviado por su mujer?

162. TIRITANDO POR UNA VOCAL.

¿Cree Vd. que por culpa de una letra, vocal para más se-ñas, se puede tiritar de frío?

163. ¡VIVA LA IMBECILIDAD!

Diálogo entre niños:

Uno: Pues yo de mayor quiero ser imbécil.

Otro: ¿Y eso?

¿Cuál es el motivo?

164. LA TOGA.

¿Qué particularidad presenta la siguiente frase?

"Agotada se puso su pesada toga"

165. LOS CANALES DE MARTE.

He aquí un mapa de las recién descubiertas ciudades y canales de nuestro planeta vecino más cercano, Marte.

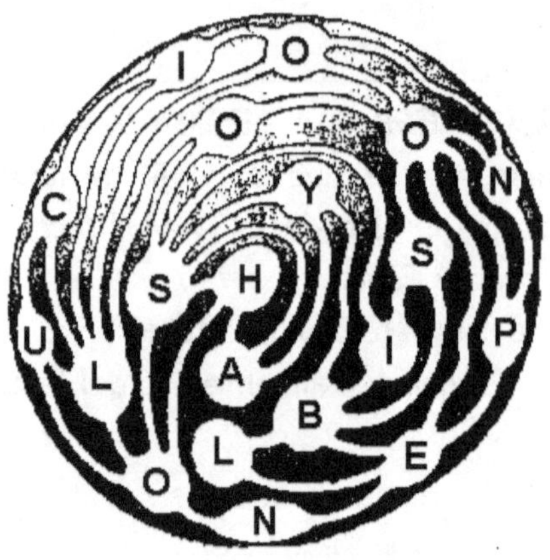

Comience en la ciudad marcada con una N, en el polo Sur, y vea si puede deletrear una oración completa recorriendo todas las ciudades, visitándolas sólo una vez y regresando al punto de partida.

Cuando este acertijo apareció en una revista por vez primera, más de 50.000 lectores dijeron: *"No hay solución posible"*. Sin embargo, es un acertijo muy simple.

[Extraído de "Los acertijos de Sam Loyd" (Martin Gardner)]

166. LOS POBRES Y LAS 5 VOCALES.

¿Qué palabra tiene relación con los pobres y contiene las cinco vocales sin repetir?

167. PALABRA ESCONDIDA (1).

En el cuadro hay escondida una palabra de 12 letras.

<table>
<tr><td>A</td><td>D</td><td>E</td><td>N</td></tr>
<tr><td>E</td><td>P</td><td>T</td><td>I</td></tr>
<tr><td>C</td><td>I</td><td>M</td><td>O</td></tr>
</table>

Descúbrala pasando de una letra a otra vecina sin pasar dos veces por la misma casilla y recorriéndolas todas.

168. RICACHÓN AHORRADOR.

Me lo contó mi amigo, toresano, Juan Vergel Hernández.
Un ricachón mentecato,
ahorrador empedernido,
por comprar jamón barato,
lo llevó medio podrido.
Le produjo indigestión,
y entre botica y galeno,
gastó doble que en jamón,
por no comprar jamón bueno.
¿Qué moraleja puede Vd. extraer?

169. LOS DÍAS DE LA SEMANA.

¿Sabría Vd. decir todos y cada uno de los días de la semana sin citar ninguno de ellos por su propio nombre?

170. EN HAWAI.

¿Sabe Vd. cuántas letras tiene el alfabeto hawaiano?

171. LOS CABALLOS PASAN A SER VACAS.

Un granjero tiene 20 cerdos, 40 vacas y 60 caballos.

Pero, si llamamos caballos a las vacas, ¿cuántos caballos tendrá el granjero?

172. POR UNA VOCAL.

¿Qué palabras, que se diferencian en una vocal, se pueden añadir a la palabra "matrimonio" para que el significado de la frase final sea totalmente opuesto?

173. POETA INTERESADO.

"Te amo, divino sol. Cuando tus ardientes rayos acarician nuestros cuerpos mi corazón se colma de alegría".

La persona que pronunció esta larga frase, ¿cree Vd. que era verdaderamente un poeta?

174. ALFA COMO PISTA.
¿Qué representa la siguiente secuencia?
5, 4, 2, 9, 8, 6, 7, 3, 1

175. OTRO POEMA.
La siguiente curiosidad es del siglo XVII y su autor, Francisco de Isla:

Castilla-París-Tea-Dado.
Amor-Osa-Lamas-Cara.
Muestra-Portal-Ala-Corte.
Atún-Oblea-Viso-Pasa.

¿Le suena raro? Léala un par de veces en voz alta y podrá reconstruir otro poema cambiando sencillamente los signos de puntuación e introduciendo alguna letra muda.

176. REDUNDANCIAS DE NUESTRA LENGUA.

El segundo término sobra, está incluido en el primero.

El pez acuático.

Persona humano.

La vista del ojo.

Los dientes de la boca.

Bajar para abajo.

Escriba Vd. alguna otra.

177. PALABRA ESCONDIDA (2).

En el cuadro hay escondida una palabra de 12 letras.

E	N	T	B
N	V	U	U
A	E	R	A

Descúbrala pasando de una letra a otra vecina sin pasar dos veces por la misma casilla y recorriéndolas todas.

178. LA CASERA.

Según un popular anuncio televisivo: *"Como no hay Casera nos vamos".*

¿Cuándo cree Vd. que se podría dar el comentario inverso, es decir: *"Cómo hay Casera nos vamos"*?

179. NO GRAVE.

¿Qué es lo contrario de grave?

180. NÚMEROS ROMANOS.

Sin utilizar signos aritméticos, escriba Vd. 1.000 con tres números romanos.

181. COMO PEZ EN EL AGUA.

A mi amigo Juan le han colocado en una oficina y dice que está allí como pez en el agua.

¿Qué hace?

182. ORIGINAL.

¿Qué tiene de original la siguiente frase?

"Así no se puede hacer nunca nada"

183. EL BUEN CHOCOLATE.

¿Cuáles son las cuatro cualidades de un buen chocolate?

184. CURIOSA SUCESIÓN.

¿Sabe Vd. lo que representan la siguiente sucesión de letras?

AAAACCCDFGHIIIIKKLMMMMMMMM

NNNNNNNNOOOPRSSTTUVVWWWW

185. LOS REFRANES.

¿Cuál de los refranes siguientes tiene un sentido más próximo al de la frase "El hábito no hace al monje"?

a) El que tiene tejado de vidrio, no tire piedras a su ve-cino.

b) Ojos que no ven, corazón que no siente.

c) Donde fuego se hace, humo sale.

d) No es oro todo lo que reluce, ni harina lo que blan-quea.

186. NOMBRES PROPIOS CON CINCO VOCALES.

Encuentre nombres propios, masculinos o femeninos, que contenga las cinco vocales.

187. ¿VENTAJA?

Los españoles tenemos la ventaja de que podemos ?????? todo lo que queramos.

¿Cuál es la palabra que falta?

Pista: Sobre todo desde 1939 a 1975.

188. DOS PALABRAS.

Si Vd. busca trabajo, ¿qué dos palabras que le abrirán muchas puertas?

189. RUIDOS DE ANIMALES.

Indique Vd. el nombre del ruido que emiten los animales:

Abeja, asno, caballo, cabra, cerdo, cuco, cuervo, elefante, gallina, gato, león, paloma, pantera, perro, toro.

190. PLANTA ROMANA.

Existe una planta cuyo nombre está formado totalmente por números romanos.

¿Qué planta es?

191. CAMINO DE VILLAVIEJA.

Yendo yo para Villavieja, me crucé con siete viejas, cada vieja llevaba siete sacos, cada saco siete ovejas.

¿Cuántas viejas y ovejas iban para Villavieja?

192. MÁS VALOR.

¿Qué letra agrega más valor a una pera?

193. ANTE EL ESPEJO.

Si Vd. se mira en un espejo y se ve a si mismo enseñando una letra "d" con su mano izquierda, ¿qué está haciendo en realidad?

194. SEQUENCE.

¿Qué letra puede Vd. poner en la línea inferior, con excepción de la E, para terminar lógicamente la siguiente secuencia?

S E Q U E N C _

195. FRASE = PROVERBIO.

¿Cuál de las frases que se indican a continuación significa aproximadamente lo mismo que el proverbio: "No cuentes los pollos hasta que salgan del cascarón"?

a) Algunos huevos tienen dos yemas por lo que no se pueden contar realmente huevos y pollos.

b) No se puede caminar por el gallinero para contar los huevos porque esto molestará a las gallinas y no pondrán huevos.

c) No es razonable realmente confiar en algo que no ha ocurrido todavía y que puede que no llegue a suceder.

d) Puesto que los huevos se rompen con tanta facilidad, puede que el recuento de los futuros pollos no resulte muy exacto.

196. VEGETALES CON LAS CINCO VOCALES.

¿Qué vegetales, masculino y femenino, tienen en su nombre las cinco vocales?

197. CARACTERÍSTICA COMÚN.

Los números 4, 15, 20 y 2.000 tienen una característica que no posee ningún otro número.

¿De qué característica se trata?

198. A TOMAR EL TÉ.

Todas las letras del abecedario (A, B, C, D, ...), han de ir a casa de una de ellas, a las cinco de la tarde, a tomar el té.

¿Qué letras llegarán tarde y por qué?

199. DENTRO Y FUERA.

¿Qué es lo contrario de "no estoy dentro"?

200. EL PRIMERO.

Si se colocasen los infinitos números naturales por orden alfabético, ¿cuál sería el primero?

201. CAMINO DEL BOSQUE.

Raquel y su perro deciden entrar en el bosque.

¿Hasta qué parte del mismo pueden hacerlo?

202. YO LO PREFIERO PARADÓJICO.

¿Por qué al pan se le suele considerar como una paradoja?

203. CITA TEXTUAL.

"Y esto decía una monja: a los torpes que te jaranan día y noche, ámales; a los que no crean en ti, quiéreles; a quien lime tu honor y mancille tu nombre, estímalo; a quien merca con tu desgracia, perdónalo. De los pecados de los otros, aleja tu mente. Pero a quien te opia y te aburre con sus tacañas conversaciones, a ese dale un golpe".

En el texto aparecen anagramados diez alimentos.
¿Se atreve Vd. a dar con ellos?

204. SECUENCIA DECISORIA.
Complete la siguiente secuencia:
GWB, WJC, GHWB, RWR, JEC,
GRF, RMN, LBJ, ???

El doble sentido puede llevar a equívoco.

205. AMBIGÜEDAD.

El jefe encarga a su secretario seguir a uno de sus empleados. Quiere saber por qué se ausenta tanto tiempo de la oficina para almorzar.

El secretario (alterado y con jadeos ansiosos): ¡Aprovecha para ir a su casa y hacer el amor con su mujer!

El jefe: Bueno, se le puede disculpar. Ya se sabe, el amor.

El secretario (asombrado): ¿Pero no le molesta? ¿No le importa?

El jefe: ¿Y por qué debería preocuparme?

El secretario: Quizás no me entendió correctamente. Verá usted...

¿Cuál fue el resto de la explicación del secretario?

206. FRASES MONOVOCÁLICAS.

Podemos formar frases con sentido utilizando en cada una de ellas solamente una vocal:

Con la A: Amar hasta fracasar.

Con la E: Desde que empecé el semestre.

Con la I: Difícil lid.

Con la O: Yo como poco.

¿Se atreve Vd. a formar alguna con la U?

207. TACHANDO.

Tache Vd. las letras sobrantes y quedará un verso célebre:

LUNASVELERTSORASSCOEBLREANBTRESE

208. EXTRAÑO SER.

Aparece al comenzar el día, se ausenta por la noche, lo encontramos en la oscuridad y no lo vemos con luz.

¿Quién es este extraño ser?

209. LA BODA.

María preguntó a Mario si quería casarse con ella, este contestó: *"No estaría mintiendo si te dijera que no puedo no decirte que es imposible negarte que sí creo que es verdadero que no deja de ser falso que no vayamos a casarnos".*

María se mareó.

¿Puede ayudarla diciéndola si Mario quiere o no quiere casarse con ella?

210. AL MORIR CANTINFLAS.

¿Qué palabra se incluyó en el diccionario al morir Cantinflas?

211. QUITARSE EL ZAPATO.

"Si tú solo eres capaz de quitarte el zapato del pie dere-cho, utilizando exclusivamente la mano izquierda, te invito a un café irlandés".

Como el dinero de mi amigo era insuficiente para un chato de vino, pensé que habría algún truco.

¿Piensa Vd. lo mismo?

212. DE LA SEMANA.

Desde el lunes hasta el viernes,
soy la última en llegar,
el sábado soy la primera
y el domingo a descansar.

213. ARQUITECTURA ESCONDIDA.

En la frase "Joven tan apuesto no he visto jamás" se en-cuentra escondida una ventana: "JoVEN TAN Apuesto no he visto jamás".

¿Qué otros elementos de la arquitectura de una casa se encuentran escondidos en las siguientes frases?

a) Es mi culpa; si lloras tienes razón.
b) Al poco me dormí y soñé con una casa.
c) Había un baobab añoso en el baño.
d) Las redes van al agua, los peces a la cocina.

214. DEPENDE DEL IDIOMA.

¿Cómo sigue esta serie y hasta dónde llega?
0, 500, 0, 100, 101, 1, 1, 100, 5, 501, ...
Ayuda: la serie es distinta en inglés.

215. CHARADA EN VERSO.

Mi primera son tus ojos,
tus ojos son mi segunda.
Mi todo tus ojos son,
acierta esta barahúnda.

216. PAÍS CON LAS CINCO VOCALES.

¿Qué país africano tiene en su nombre las cinco vocales?

217. PALABRA OCULTA (1).

Encuentre una palabra de seis letras que tiene alguna en común con las siguientes palabras:

Ninguna letra en común con CRECER.
Una letra en común con CAFÉ.
Dos letras en común con DIENTE.
Tres letras en común con PERDÓN.
Cuatro letras en común con ALIENTO.

218. COMPARANDO AÑOS.

De una cosa tuvo más 1984 que 1985.
Sí, un día más, por haber sido bisiesto.
¿De qué otra cosa ha tenido 1984 una más que 1985?

219. CONTRARIO DE MILLONARIO.

¿Qué es lo contrario de millonario?

220. TRES SÍLABAS, TRES LETRAS.

¿Conoce Vd. alguna palabra del idioma castellano que sea trisílaba y tenga sólo tres letras?

221. ¿SABE VD. ITALIANO?

¿Sabe Vd. cómo se dice: "transplante de piel, en italiano"?

222. METÁFORAS ANIMALES.

Es un mecanismo muy corriente, designar una cualidad aplicable a un ser humano, citando un animal que la posea. Así se intensifica una cualidad real o ficticia del animal y se aplica al mismo tiempo al ser humano, con la consiguiente animalización.

Unas veces se resaltan cualidades positivas y otras veces se resaltan los defectos, que se suelen utilizar para insultar.

Hay animales de un sólo uso y otros que dan lugar a varias interpretaciones. Ejemplos:

Ser un águila	Persona vivaz e inteligente y, a veces, tener buena vista.
Ser un cerdo	Persona sucia y de costumbres poco higiénicas; también se dice de alguien ruin y malintencionado.
Ser un asno o ser un burro	Persona que emplea su fuerza en detrimento de su capacidad intelectual.
Ser una mula o más terco que una mula	Persona que destaca por su terquedad y empecinamiento.
Ser una tortuga o más lento que una tortuga	Persona poco activa o perezosa.

¿Es Vd. capaz de encontrar algún ejemplo más?

223. REFRANES ESCONDIDOS.

Las siglas E.B.C.N.E.M. esconden el refrán *"En boca cerrada no entran moscas"*.

¿Qué refranes se esconden en las siguientes?
a) A.L.O.L.P.C.
b) E.C.D.H.C.D.P.
c) M.V.P.E.M.Q.C.V.
d) D.C.Q.A.Y.T.D.Q.E.
e) T.V.E.C.A.L.F.Q.A.F.S.R.

224. ¡FUERA!
¿Qué palabra sobra del grupo siguiente?
acelerador, rádar, edificio, guantera, rueda

225. CHARADA INTERESANTE.
Mi primera negación,
mi segunda consonante,
un artículo la tres
y el todo muy interesante.

226. ANIMAL CON LAS CINCO VOCALES.
¿Qué animal tiene en su nombre las cinco vocales?

227. PALABRA OCULTA (2).
Encuentre una palabra de cinco letras que tiene alguna en común con las siguientes palabras:

Tres letras en común y en su justo lugar, con BORDE.

Dos letras en común, una de ellas en su justo lugar y la otra no, con MULTA.

Una letra en común y en su justo lugar, con CARGO.

Una letra en común, no en el lugar correcto, con LITRO.
Ninguna letra en común con TIMON.

228. CUATRO ES LA MITAD DE CINCO.
Mi primo dice que es cierto.
¿A Vd. qué le parece?

229. DE NARICES.
"Mi casa es grande de narices", *"mi vaca es grande de narices"*, etc., son exageraciones bastante usuales.
¿Qué frase al añadirle la expresión "de narices" no parece exageración?

230. LLANAS Y ESDRUJULAS.
Encuentre palabras llanas, de dos sílabas, con tilde y que al formar su plural sean de tres sílabas y esdrújulas.
Ejemplo: Lápiz-lápices.

231. MADRE CON CINCO HIJOS.
La madre de Luis tiene cinco hijos.
El primer hijo se llama PA, el segundo PE, el tercero PI, el cuarto PO.
¿Cómo se llama el quinto?

232. BONITO ACRÓSTICO.
El siguiente acróstico no hace falta decir sobre qué va.

Caliente
Aromático
Fuerte
Espeso

¿Ya sabe Vd. la solución?

233.UNA VEZ SOLAMENTE.

¿Quién cree Vd. que pronunció la siguiente frase?
*"Presten atención porque sólo voy
a hacerlo una vez"*

234. SON PARIENTES.

Las siguientes letras, palabras, números... tienen algo en común que no tienen las/los demás.

¿Qué es?

a)   G - J - F - K - P - W - X - Ñ

b)   dolor - resta - millar - faz - solar - lago – siglo

c)   1 - 2 - 3 - 4 - 5 - 8 - 9 - 10 - 15 - 31 – 1000

d)   ser - nóel - nótar - arroz

235. ESTÁ Y NO ESTÁ.

¿Qué es lo que se encuentra en el universo, en el firmamento, en el cielo, en la tierra, en los océanos y mares y en el orbe terráqueo, pero que no está en el mundo?

236. PALABRA MÁGICA CON CINCO AES.

¿Qué palabra mágica tiene cinco vocales que son todas aes?

237. ORDENANDO EL ABECEDARIO.

¿Qué criterio se ha seguido para cada una de las siguientes clasificaciones del abecedario?

a)	A H I M ... B C D E F G J K L ...
b)	A F G J L M ... B C D E H I K ...
c)	C E F H I J K L M N Ñ S T U V W X Y Z A D O P Q R B
d)	B C D G J O P Q R S U A E F H I K L M N T V W Y Z

238. MENSAJE SECRETO.

El siguiente mensaje fue interceptado por el servicio de espionaje de los Estados Unidos.

EN VIAJE TAL RES CATEDEL
OSA MI GOSRU ¡SOS!

¿Qué es lo que dice?

239. CINCO PATATAS Y SEIS NIÑOS.

Una madre tiene 6 niños y 5 patatas.

¿Cómo puede distribuir las patatas uniformemente entre los 6 niños?

No valen fracciones.

240. CUATRO MORFEMAS, TRES FONEMAS.

¿Conoce Vd. alguna palabra del idioma castellano que tenga cuatro morfemas y tres fonemas?

241. LOS PÉTALOS.

Los pétalos de la flor adjunta esconden su nombre.

Han desaparecido las vocales.
¿De qué flor se trata?

242. DEL CLERO.

Soy la redondez del mundo, sin mí no puede haber Dios, ni Papas, ni cardenales, pero sí obispos.
¿Quién soy?

243. CHARADA.

Mi primera asiente a todo el mundo.
Mi segunda es la negación total.
Estoy en todo lo humano,
para bien y para mal.
¿Qué es?

244. VAYA CRITERIO.

Siguiendo un criterio lógico, se tachan los números naturales que no cumplan ese criterio.

¿Cuál es ese criterio lógico, si al final quedan únicamente los números 1, 2 y mil?

245. CUATRO HERMANOS.

En la ficha adjunta hay cuatro nombres propios.

```
ROGER
LAURA
PEDRO
PAULA
```

Es muy fácil separar unos nombres de otros mediante tres líneas rectas.

```
ROGER
LAURA
PEDRO
PAULA
```

Pero, ¿sabría Vd. reordenarlos y separarlos con sólo dos líneas rectas?

246. BUSCANDO EN EL DICCIONARIO.

Busque una palabra del diccionario que esté entre:
a) Televisor y telilla.
b) Pie y piedra.
c) Vendar y vendedor.
d) Ozonómetro y pabilo.
e) Perneo y pernería.
f) Flirteo y flogístico.
g) Caboso y cabra.
h) Obviar y obyecto.
i) Suripanta y surquero.
Obviamente, sin necesidad de mirar en el diccionario.

247. ANIMAL ESCONDIDO.

Busque el animal escondido en:

LFNATEE, QUIANNET, SUBIARCO, OIMNAUEF

248. ALGO RARO, FUERA DE LO COMÚN.

En el párrafo que presentamos encontrará algo verdaderamente raro, algo fuera de lo común.

¿Se atreve usted a detectarlo?

"Lea letra por letra, palabra por palabra. No se apresure. Observe todo atentamente porque, a lo mejor, se le escapa algo. A nosotros nos costó bastante redactar este párrafo. ¿Lo encontró? ¡Eureka! Bueno, pero de todos modos, avance. Debe acabar de leer todo para acertar. Lo que nosotros no podemos hacer es echarle una mano porque se trata de aguzar su destreza personal. No obstante, estamos seguros de que, empeñado en resolver el problema, podrá lograrlo. Vamos. Ponga manos a la obra. Le damos todos los segundos que sean menester. Lo que podemos adelantarle (eso va por descontado) es que, cuanto más nos empeñamos en prolongar este párrafo, más arduo nos resulta dar otro paso. ¿No cae aún en la cuenta? Bueno. Eso es todo. Observe ahora atentamente. ¿No falta algo que normalmente suele haber cuando usted redacta algo? Parece que no. Pero no lo crea. La trampa está. ¿Trampa? No exactamente. Mejor hablemos de algo desusado. Búsquelo. La respuesta está allá atrás, en las hojas postreras. Pero, antes de consultarla, razone un poco más. Tal vez lo encuentre solo. Tal vez ya lo encontró".

249. DE CAZA.

¿Cómo diría Vd.: *"José y Francisco fueron a cazar con sus perros"*, sin usar ninguna letra r?

250. CINCO CONSONANTES SEGUIDAS.

¿Conoce Vd. alguna palabra que contenga al menos cinco consonantes seguidas?

251. VIVA LA LIEBRE.
UN CAZADOR FUE DE CAZA,
MATó UNA LIEBRE,
Y LA TRAJO VIVA A CASA.
¿Cómo es posible?

252. SERIE TRAMPOSA.
¿Cómo continua la siguiente serie?

W D C D E E

253. LOS TRES CIENTÍFICOS.
El nombre y primer apellido de tres científicos se han escrito sin vocales:

SCNWTN - LBRTNSTN - LSPSTR

Encuentre las vocales que faltan y descubra de qué tres grandes científicos se trata.

254. ALFABETO.
¿Qué letra sigue en la siguiente serie?
L, K, M, J, N, ...

255. PANGRAMA AUTORREFERENTE.

Un pangrama autorreferente, es una frase que cuenta todas y cada una de las letras que la componen.

"Este pangrama tiene dieciséis a, una b, quince c, once d, dieciocho e, una f, dos g, dos h, trece i, una j, una k, una l, dos m, dieciséis n, una ñ, catorce o, dos p, dos q, cinco r, catorce s, seis t, doce u, una v, una w, una x, dos y y una z".

Trate de completar la siguiente frase con números expresados en letras:

"Esta frase tiene las siguientes vocales: ... a, ... e, ... i, ... o y ... u".

256. FUTBOLISTA CON LAS CINCO VOCALES.

Desde la temporada 95-96 hasta hoy, ¿qué jugador de fútbol de 1ª división tiene en su nombre las cinco vocales?

257. QUITANDO SEIS LETRAS.

En la línea de letras que damos a continuación, táchense seis letras para que las restantes, sin alterar su orden, deletreen una palabra corriente en español:

P-S-L-E-Á-I-T-S-L-E-A-T-R-N-A-O-S

258. UN NOMBRE DE MUJER.

¿Cuál es el nombre de mujer formado por una letra y dos notas musicales?

259. HABLAR BIEN.

¿Cómo debe decirse: siete y cinco son trece o siete más cinco son trece?

260. ESDRÚJULA DE 4 LETRAS.

Busco dos palabras esdrújulas de cuatro letras.
¿Podría Vd. ayudarme a encontrarlas?

261. EL TIEMPO SIN TI.

Mi amigo Carlos le decía a su novia: *"Para mí, el tiempo sin ti no es tiempo".*
¿Sabe Vd. por qué?

262. DEL AGUA.

En el manantial fluyo con fuerza,
en el agua estoy desde el principio hasta el final,
el río nunca me lleva
y termino en medio del mar.

263. PANGRAMAS.

Las frases que contienen todas las letras del abecedario se denominan pangramas. Será mejor cuanto más corto.

Ejemplos: "La vieja cigüeña fóbica quiso empezar hoy un éxodo a Kuwait". (49 letras)

¿Será capaz de inventar Vd. alguno más corto?

264. LAS DOS ÚLTIMAS (1).

¿Cuáles son las dos letras siguientes en la serie siguiente y por qué?

C S L D L S E L S S Y _ _

265. MÁS DE VEINTE HIJAS.

¿Quién es el padre que tiene veintisiete hijas que abarcan cuanto hay en el mundo entero?

266. EN FRANCÉS CON LAS CINCO VOCALES.

En castellano, tenemos: ecuación (5 vocales, 3 consonantes), sequoia (5 vocales, 2 consonantes), euforia (5 vocales, 2 consonantes).

¿Las habrá más cortas?

Parece ser que en castellano no.

En francés, en cambio, tenemos una que está compuesta por las cinco vocales y una sola consonante. Está en las ramas de los árboles, en canciones y en todos los libros del primer curso de francés.

¿Cuál cree Vd. que es?

267. PROBLEMA DE PALABRAS.

Forme una lista, lo más larga posible, de palabras castellanas de cinco letras, que cumpla la siguiente condición: *"Todas las primeras letras deben ser diferentes entre sí, las segundas letras deben ser diferentes entre sí, lo mismo las terceras, las cuartas y las quintas"*.

Por ejemplo, la lista podría ser:

ÁRBOL – CARTA – SUEÑO –

La palabra POSTE no podría agregarse ya que repetiría la T en la cuarta columna.

268. LIBRO BASTANTE CONOCIDO.

¿Qué libro tiene el prólogo después del epílogo, el fin en su primera mitad y el desarrollo antes que la trama?

269. CAMINAR ALREDEDOR.

Un niño camina alrededor de un poste sobre el cual hay un mono, pero mientras el niño camina, el mono gira sobre el poste, de forma que siempre queda de frente al niño.
¿Camina el niño alrededor del mono?

270. MARCA DE COCHE.

Busco una marca de coche de ocho letras y sólo una vocal.
¿Podría Vd. ayudarme a encontrarla?

271. CUENTE BIEN.

¿Cuántas letras hay "en el abecedario", 26 o 27?

272. EN LOS OJOS.

Tengo dos en cada ojo,
en dos ojos tengo tres,
en uno sólo tengo una,
a ver si adivina qué es.

273. NOMBRES PROPIOS.

Encuentre nombres propios femeninos que añadiéndoles algunas letras a continuación nos dan otros nombres propios masculinos.
Ejemplo: EVA-RISTO.

274. SERIE COMPLETA.

¿Qué letra completa la siguiente serie?
Q, L, C, L, S, ...

275. BUEN ANFITRIÓN.

¿Cuáles son las tres palabras que debe pronunciar siempre un buen anfitrión?

276. BEBIDA CON LAS CINCO VOCALES.

Buscamos una bebida alcohólica que en su nombre tenga las cinco vocales.

¿Nos puede ayudar Vd.?

277. LOS PECES.

ARSNDIA, QRONUEBO, LAGUNIA, PRAE, NEMITOPI.

En cuatro se oculta el nombre de un pez.

¿Cuál es la otra?

278. FAMOSO REY.

Juntando la primera de todas las letras, el primero de todos los números, quinientos al comienzo, cinco en el centro y quinientos al final, tendremos un rey muy conocido.

¿Qué rey?

279. CURIOSO ABOLIR.

¿Cuál es el presente de indicativo del verbo abolir?

280. CON SIETE "E".

Busco palabras que repitan siete veces la letra E y no tengan ninguna otra vocal.

¿Podría Vd. ayudarme a encontrarlas?

281. LÍO EN LA FIESTA FAMILIAR.

En una fiesta familiar al encontrarse dos hombres se produce este pequeño diálogo:

El primero: ¡Padre!

El segundo: ¡Abuelo!

Si ninguno de los dos hombres se equivocaba, ¿cómo es posible?

282. EL ANUNCIO DEL ADIVINO PANTALEÓN.

Pantaleón es un pícaro que se hace pasar por adivino, pero como le va mal en el negocio y los clientes decepcionados ya no acuden a su consulta, ha decidido poner un gran anuncio publicitario en la puerta de la casa, para atraer incautos.

Toda la noche se la pasó rompiéndose la mollera para que fuera un anuncio original y llamativo. Hasta que se le ocurrió una idea nada despreciable. Escribiría todo el texto comenzando cada palabra con la letra "P", que es la inicial de su nombre. Se dio a la tarea y a la mañana siguiente clavó el cartel, que decía así:

"Para personas perturbadas: PANTALEÓN POLICARPO PIÑÓN, palmista, pitoniso profesional, por poca plata propone predecirles porvenir, puede plantearles presagios, prevenirles peligros potenciales, prepararles para posibles problemas, paliar poderosas preocupaciones, posibilitar progreso personal, procurar pertenencias perdidas, poder pescar portentosos premios, participarles planes para persuadir preciosas pepillas, procrear prolongada prole, practicar provechosas permutas, proporcionar pomada para producir poblado pelo, preparar poción para parar partes pudendas,.... Puede pregun-

tar por Pantaleón Policarpo Piñón, profeta prestigioso, proba-
da precisión".

Tras colocar tan extenso y detallado anuncio en la puerta de su consulta, Pantaleón se sentó en una butaca para que lo leyeran y empezaran a llegar los interesados. Cuando ya comenzaba a impacientarse, sintió toques en la puerta y abrió. Era un señor que intrigado por el letrero, quería hablar con el adivino.

El visitante miró con curiosidad el lugar y el talante de Pantaleón, del cual había hecho algunas indagaciones en el barrio, antes de presentarse a la consulta. El pitoniso se sentía extrañado ante la sospechosa conducta del señor, pero como era un posible cliente, comenzó a hablarle de los maravillosos servicios de adivinación que allí ofrecía. Entonces, el hombre le dijo en tono declamatorio:

"Pantaleón Policarpo Piñón, pregonado palmista, precisamente pasé para percatarme. Permítame, pues, plantearle pequeñas preocupaciones: ¿Puede Pantaleón prometer pomada prodigiosa para producir poblado pelo, permaneciendo pelón? Percibo peliaguda paradoja, pues Pantaleón propone públicamente propiciar plata, permutas, premios, pareja, progreso, placeres, pero posee pocos pesos, pide prestado, pierde pleitos, pasa penurias, padece pesares, permanece pasmado y parece paupérrimo pordiosero. ¡Perfectas patrañas propagadas por profeta pacotillero, palmista pícaro, porfiado paluchero! Podrá pescar "primos" pazguatos, pero pobladores precavidos prefieren procurarse propio porvenir por procedimientos personales".

Al terminar de decir esto, el hombre parecía satisfecho de haber virado la tortilla al embustero, con sus propias armas. Y se marchó soltando una sonora carcajada.

283. EL LITERATO.

Las letras del alfabeto que faltan, le permitirán descubrir el nombre de un célebre literato:

B F G H J K M N Ñ P Q T U V X Y Z

284. EL MEJOR AMIGO (1).

El mejor amigo de Jesús es Mario, el mejor amigo de Manuel es Pío y el mejor amigo de Marcelo es Luis.

¿Quién es el mejor amigo de Ricardo?

Tomás, Rubén, Carlos, Andrés, Marcos

285. FRASE AUTORREFERENTE.

La siguiente frase es verdadera.

"ESTA FRASE TIENE DOCE LETRAS DISTINTAS"

Intente hacer una frase verdadera con esta otra:

"ESTA FRASE TIENE ... LETRAS DIFERENTES"

286. INSULTO HABITUAL.

Existe en lengua castellana un insulto muy habitual que contiene las cinco vocales sin repetir.

¿Sabe Vd. cuál es?

287. LA HORTALIZA ESCONDIDA.

Busque la hortaliza escondida en:

OMAATFR, AUCHGEL, TVANEAL,
EERDIMI, EIMNROO

288. PARA LUCIR LAS BOTAS.

Usando tres notas musicales y una preposición, ¿qué se puede hacer con unas botas rotas para poderlas lucir?

289. UNO DIFÍCIL DE GENTILICIOS.

¿Sabe Vd cómo se llama a los habitantes de Almería, Canarias, Guadalajara y Jaén?

290. VA DE SINÓNIMOS.

¿Conoce Vd. algún sinónimo de "externocleidomastoideo"?

291. DOS VECES ESDRÚJULA.

¿Qué palabra es dos veces esdrújula?

292. PERSONIFICACIÓN.

Existe un viejo cuento con cuatro personajes: "Todos, Alguien, Cualquiera y Nadie".

Había que hacer un trabajo importante y era sabido por Todos que Alguien lo haría. Cualquiera podría haberlo hecho, pero Nadie lo hizo. Alguien se enojó cuando se enteró, porque le hubiera correspondido hacerlo a Todos. Entonces fue creído por Todos que quizás Cualquiera lo haría, pero Nadie se dio cuenta de que Alguien no lo haría.

¿Cómo termina la historia?

293. GEOGRAFÍA DISJUNTA.

Lo más usual es que el nombre de un país y el nombre de su capital compartan una o más letras.

Ejemplo: Ecuador y Quito comparten la U y la O.
Un caso donde no hay letras compartidas es Perú-Lima.
En América del Sur hay otro caso. ¿Cuál?

294. LAS DOS ÚLTIMAS (2).

Averigüe cuáles son las dos siguientes letras de la serie:
A, E, F, H, I, K, L, M, ?, ?

295. OVALADO EN EL TORO.

Versión 1	*Versión 2*
Una cosa quisicosa	Hombres y machos lo tienen,
de ovalada construcción	hembras y mujeres, no.
que todos los hombres tienen	Hasta el obispo en persona
pero las mujeres no;	tiene, como el toro, dos.
incluso el señor obispo,	
como todos, tiene dos.	

296. CON CINCO AES.

Buscamos un pueblo de Segovia, un pueblo Huelva y una capital de provincia española con cinco aes en su nombre.
¿Podrá Vd. encontrarlos?

297. UNA BROMA.

¿Sabe Vd. hacer una broma con las ocho letras de "BRUNO AMA", reordenándolas convenientemente?

298. COCHES NEUTRALES.

¿Qué marca de coches es considerada como neutral?

299. LA PUNTUACIÓN ES IMPORTANTE.

Don Facundo Fonseca agonizante redactó el siguiente testamento:

"Yo dejo mis bienes a mi hijo no a mi sobrino tampoco nunca se pagará la cuenta del sastre no dejo mis bienes a mi esposa no a mi cuñado.

Que mis deseos sean órdenes. Facundo Fonseca".

A su hijo, a su sobrino, al sastre, a su esposa y a su cuñado se le dio una copia de este testamento.

Y por fin se murió don Facundo Fonseca.

Cada persona se presento con su copia ante el juez:

El **hijo** presento su copia que decía:

"Yo dejo mis bienes a mi hijo, no a mi sobrino, tampoco nunca se pagará la cuenta del sastre, no dejo mis bienes a mi esposa, no a mi cuñado.

Que mis deseos sean órdenes. Facundo Fonseca".

La copia del **sobrino** decía así:

"Yo dejo mis bienes: a mi hijo no, a mi sobrino, tampoco nunca se pagará la cuenta del sastre, no dejo mis bienes a mi esposa, no a mi cuñado.

Que mis deseos sean órdenes. Facundo Fonseca".

La del **sastre** decía así:

"Yo dejo mis bienes: a mi hijo no a mi sobrino tampoco nunca, se pagará la cuenta del sastre, no dejo mis bienes a mi esposa, no a mi cuñado.

Que mis deseos sean órdenes. Facundo Fonseca".

La copia de su **esposa** decía:

"Yo dejo mis bienes: a mi hijo no, a mi sobrino tampoco, nunca se pagará la cuenta del sastre no, dejo mis bienes a mi esposa, no a mi cuñado.

Que mis deseos sean órdenes. Facundo Fonseca".

¿Podrá Vd. intuir cuál fue la copia del **cuñado**?

300. UN ENUNCIADO Y SU CONTRARIO.

"Esta frase consta de siete palabras".

Es claro que es un enunciado falso, pues consta de seis.
Por tanto, su contrario debería ser verdadero.
¿Es esto correcto?

301. TRES VECES MAR.

¿Qué mar es tres veces mar?

302. TEXTO ASIMÉTRICOS.

Hay textos, en verso o en prosa, que tienen diferente significado -a menudo el contrario- si se leen de la forma habitual y después se leen, renglón a renglón, desde el final hasta el principio.

Un ejemplo: El siguiente texto representa el discurso de un partido político, cuyo mensaje es muy diferente si se lee al revés.

Su verdadero mensaje se ve leyendo de abajo hacia arriba.

Discurso político

En nuestro partido político
cumplimos con lo que prometemos.
Sólo los necios pueden creer que
no lucharemos contra la corrupción.
Porque si hay algo seguro para nosotros es que
la honestidad y la transparencia son fundamentales
para alcanzar nuestros ideales.
Demostraremos que es una gran estupidez creer que
las mafias seguirán formando parte del gobierno como en otros tiempos.
Aseguramos sin resquicio de duda que

la justicia social será el fin principal de nuestro mandato.
Pese a eso, todavía hay idiotas que creen que
se pueda seguir gobernando con las mañas de la vieja política
Cuando asumamos el poder, haremos lo imposible para que
se acaben las situaciones privilegiadas y el tráfico de influencias.
No permitiremos de ningún modo que
nuestros niños mueran de hambre
Cumpliremos nuestros propósitos aunque
los recursos económicos se hayan agotado
Ejerceremos el poder hasta que
Comprendan desde ahora que
Somos la "nueva política".

303. EN EL PARLAMENTO.

Dos amigos observan a un caballero que, cartera en mano, sale del Parlamento. *"Mírale bien"*, dice uno, *"este es el hombre que escribe más tonterías en este país"*.

¿Quién cree Vd. que es tal caballero?

304. EL MEJOR AMIGO (2).

La mejor amiga de ELISA es ELVIRA, el mejor amigo de RAMÓN es TOMÁS y el mejor amigo de MARCOS es CARLOS.

¿Quién es el/la mejor amigo/a de RAQUEL?

ANDRÉS, MODESTO, SAMUEL, IGNACIO, MARTA

305. VAMOS AL CINE.

Cinco amigas están esperando a sus respectivas parejas para ir al cine. ¿Qué hora es?

Más tarde llegan todos los chicos juntos. ¿Qué hora es ahora?

306. SEGÚN EL GÉNERO DEL ARTÍCULO.

Hay palabras polisémicas que cambian su significado según el género del artículo utilizado delante de ellas.

Ejemplos: El capital - Dinero. La capital - Ciudad.

El cura.- Sacerdote.

La cura - Efecto de la acción de curar.

El orden - Colocación espacial adecuada.

La orden - Mandato militar.

El frente - Lugar de máxima lucha en una guerra.

La frente - Parte de la cabeza.

Jugando con esta cualidad podemos fabricar frases como las siguientes:

"Perdí todo mi capital en el casino de la capital".

"El cura le practicó una cura".

"Gracias a su orden se pudo mantener el orden".

"En el frente me hirieron en la frente".

¿Puede encontrar Vd. alguna más?

307. TACHANDO LETRAS.

Tachando diez letras de "ODICEULZLTETARAS" queda la palabra oculta que Vd. debe descubrir.

¿Se atreve?

308. VAYA PLURAL.

¿Cuál es el plural de la palabra intríngulis?

309. CURIOSO NOMBRE.

¿Cuál es el nombre de persona masculino, de cuatro sílabas ABCD, que reordenándolas a CDAB vuelve a ser otro nombre de persona también masculino?

310. SONETO ORIGINAL.

¿Qué particularidad tiene el siguiente soneto?

Proponerse escribir un buen soneto,
vencedor del sepulcro y del olvido,
en círculos viciosos protegido,
por el dique imponente y del respeto.

Es mucho pretender, error completo
del todo por doquier reconocido.
Y yo que emprendo y lucho decidido,
con el silencio responder prometo.

¿De dónde, juventud, de dónde viene
el principio despótico que impone
quien de numen los ímpetus detiene

del modo estoico que el infeliz propone?
No tus preceptos en mis oídos vibre,
libre es el genio porque el hombre es libre.

311. ÚNICO EN SU CLASE.

El número 542.986.731 es el único de su clase.
¿Cuál es la característica tan especial que tiene?

312. CAMBIANDO UNA SOLA LETRA.

Observe lo que puede ocurrir.

Pedro tuvo una gran suerte. (Cambie s por m)
Don Froilán es un cardo. (Cambie a por e)
La agarró por el moño. (Cambie m por c)
¡No hurgues en los cajones! (Cambie a por o)
Doña Ana: ¡son deliciosas sus setas! (Cambie s por t)
¿Podría Vd. añadir alguno más de este tipo a la lista?

313. GIMNASIA MENTAL.

Encuentre una lista de ocho deportes que incluyan todas las letras del abecedario.

314. CONSONANTES Y VOCALES.

Averigüe cuál es la siguiente letra en la serie:
A, B, E, F, G, I, J, K, L, O, P, Q, R, ...

315. POR MAR Y AIRE.

En el mar y no me mojo,
en brasas y no me abraso,
en el aire y no me caigo,
y me tienes en tus brazos.

316. EN COMÚN.

¿Qué tienen en común las siguientes palabras?
estudio, himno, deflación, estúpido, hijuela

317. PUEDE PRECEDER.

a) Escriba la palabra, de 3 letras, que puede preceder a:
TENTAR - TENIDO - SUEGRA

b) Escriba la palabra, de 5 letras, que puede preceder a:
SALIR - TODO - MESA

318. INTERESANTE DEFINICIÓN.

La siguiente definición: *"La capacidad de unir elementos entre sí, aunque estén muy distantes"*, ¿a qué cree Vd. que corresponde?

319. PREGUNTA DE LENGUA.

Un alumno, no muy lúcido, para salir del paso a la pregunta que le formuló el maestro: *"¿Cómo se llaman los de Alemania?"*, ¿qué cree Vd. que contestó?

320. LEER DE MEMORIA.

La facultad de nuestro cerebro para leer palabras y textos en su conjunto y no letra a letra, nos puede ser útil; pero también es la causante de que aún se nos escapen errores tras leer y releer un mismo texto.

Lea el siguiente texto:

"Sgeun un etsduio de una uivenrsdiad ignlsea, no ipmotra el odren en el que las ltears etsan ersciats, la uicna csoa ipormtnate es que la pmrirea y la utlima ltera esten ecsritas en la psiocion cocrrtea. El rsteo peuden estar ttaolmntee mal y aun pordas lerelo sin pobrleams. Etso es pquore no lemeos cada ltera por si msima snio la paalbra cmoo un tdoo. Pesornamelnte me preace icrneilbe..."

La siguiente versión comparte mensaje con la anterior y, aunque las palabras desordenadas no son las mismas, ello no parece influir en su comprensión.

"De aecrudo a una invsetaigicaión raezildaa por una Uvsinedrad ignlsea no ipmotra en que odern las ltreas de una pbalara etsán erscitas. La úcncia csoa que ipmotra es que la premira y la úlmita ltrea eetsn bien ucabcidas. El rseto pedue ser un lío ttoal que iuagl se peude leer sin mryoaes didatfuciles. Etso se dbee a que nrotsoos no lemeos cdaa ltrea, snio la pbalara como un tdoo dtnro de la frsae. ¿Criouso, no?"

Una curiosidad acerca del mecanismo lector y el cerebro se observa leyendo de corrido el siguiente texto en inglés y contando a la vez el número de veces que aparece la letra F:

FINISHED FILES ARE THE RESULT OF YEARS
OF SCIENTIFIC STUDY COMBINED WITH
THE EXPERIENCE OF YEARS

¿Cuántas letras F ha contado? ¿Tres? ¿Cuatro? ¿Cinco?

321. DE NIÑA A MUJER.

¿Cuáles son las cuatro letras que hacen a una niña mujer?

322. COMO UNA ISLA.

¿Qué letras son como una isla?

323. DEDUCIENDO (1).

El **nosequé** es una palabra que Vd. ha de deducir, guiándose por los distintos contextos en que es presentada.

- En medio de la presentación había un hermoso nosequé vivo.

- Sus nosequés eran obras de gran valor artístico.
- La infantería esperó en nosequé a la caballería.
- El lugar de la tragedia ofrecía un nosequé patético.

324. SECUENCIA POÉTICA.

¿Qué números siguen en la siguiente sucesión?

24 - 31 - 34 - 45 - 51 - 52 - 55 - ...

Pista: Todos son números cuyos nombres contienen las cinco vocales.

325. POR EL CIELO.

En medio del cielo estoy
sin ser lucero ni estrella,
sin ser sol ni luna bella;
a ver si acierta quien soy.

326. LA PALABRA INTRUSA.

Entre las siguientes palabras hay una que no guarda relación con las demás.

GIMNASIA - MONTAÑA - TORTILLA
TORTURA - ALFILER - ENSALADILLA

¿Cuál es la palabra intrusa?

327. INSTRUMENTO MUSICAL.

¿Qué instrumento musical se esconde en la siguiente serie?

IRTBE, IPPAS, AIOVL, ACRIE, OPBEL

328. LIBRO POPULAR.

¿Qué libro tenían antes solamente los ricos y ahora cualquiera puede tener?

Pistas: Lo leemos frecuentemente, no se puede comprar en librerías ni sacar de las bibliotecas.

329. CURIOSIDADES DE SEMÁNTICA.

¿Verdaderas o falsas?

a)   Cinco por cuatro veinte, más dos, igual a veintitrés.

b)   Cinco por ocho cuarenta, más dos, igual a cuarenta y cuatro.

c)   Diez por seis sesenta, más cuatro, igual a setenta.

330. NO SE QUEME.

¿Cuál es la letra siguiente de esta secuencia?

Q W E R T Y U I O -

331. PERAS Y FRAILES.

Cuatro peras en un plato,
cuatro frailes a comerlas.
Cada cual comió la suya
y quedaron tres enteras.
¿Es posible?

332. ABSURDOS DE NUESTRA LENGUA.

1)   Cosa grande: Polvorín. Cosa pequeña: Polvorón.

2)   Cosa grande: Bombín. Cosa pequeña: Bombón.

3) Cosa grande: Cojín. Cosa pequeña: Cojón.
4) Cosa grande: Pista. Cosa pequeña: Pistón.
5) Cosa grande: Listo. Cosa pequeña: Listón.
6) Cosa grande: Collarín. Cosa pequeña: Collar.
Escriba Vd. algún otro.

333. LA APUESTA DE QUEVEDO.

Es muy famosa la apuesta ganada por Francisco de Quevedo, al mentarle a la reina su cojera sin circunloquios.

El ingenioso Quevedo se presentó ante su majestad con una flor en cada mano y le espetó el equívoco más famoso de la lengua castellana:

"Entre el clavel y la rosa su majestad es-coja"

334. FUERA LETRAS.

Averigüe cuál es la siguiente letra en la serie:

Z, X, U, Q, M, ...

335. FACILITO.

Soy un palito
muy derechito
y encima de la frente
tengo un puntito.

336. COMO LA MUERTE.

¿Qué letra es como la muerte?

337. ENCAJEMOS.
Grupo 1: FÁCIL, ABEJA, DAGA.
Grupo 2: PUÑO, SOYUZ, SUSTO.
La palabra HIJA encaja bien en alguno de los grupos.
¿En cuál?

338. VIVE DE ERRORES.
Mi padre vive de los errores de los demás.
¿A qué cree Vd. que se dedica?

339. GENTILICIOS.
¿Cómo hay que llamar a los naturales de: Guadalajara, Calatayud, Jaén, Cabra, Huelva, Ávila, Moscú?

340. VAYA FOBIA.
¿Sabe Vd. lo que es la triscadecaifobia?

341. PARA PODER DELETREAR.
¿Qué letra se ha de saber obligatoriamente para poder deletrear correctamente?

342. LAS PRIMERAS.
¿Cuál es la letra siguiente de esta secuencia?
T, U, C, U, C, N, D, S, ...

343. DEDUCIENDO (2).

El **nosequé** es una palabra con varias acepciones. En cada frase aparece en una acepción diferente. Vd. debe de descubrir de qué se trata el nosequé.

- Como buen cirujano siempre hace un nosequé preciso.
- Le hacía la nosequé, hasta que ella dijo basta.
- Me ha injuriado y no lo perdonaré: nos veremos en la nosequé judicial.

344. LA CUARTA FILA.

¿Cuál debe ser la 4ª fila?

A B C D E

D A E C B

C D B E A

- - - - -

345. CUATRO FAMILIARES.

En la ficha adjunta están los nombres de cuatro personas de una misma familia.

BELEN
ELISA
MABEL
ANGEL

Es muy fácil separar unos nombres de otros mediante tres líneas rectas.

BELEN
ELISA
MABEL
ANGEL

Pero, ¿sabría Vd. reordenarlos y separarlos con sólo dos líneas rectas?

346. COMO EL AÑO NUEVO.

¿Qué letra es como el año nuevo?

347. REORDENANDO.

¿Qué palabra podrá obtener Vd. al reordenar las letras de SACPRAADAI?

348. CURIOSO APELLIDO.

Hay un apellido en España cuyo contrario es un animal.
¿De qué apellido se trata?

349. RECIENTE.

¿Cuál es el superlativo de reciente?

350. NO MEDIO DE TRANSPORTE.

NOIAV, OCABR, OTRELUSB, EAMS, ELEIRTFEOC.
Cuatro ocultan el nombre de un medio de transporte.
¿Cuál es la otra?

351. COMENZANDO POR 10.

Encuentre Vd. el nombre de un elemento químico que empiece por 10 y que no sea IODO.

352. MARCANDO EL CAMINO.

Por una llanura blanca,
de cabeza voy andando.
Si tengo llena la panza,
el camino voy marcando.

353. CERVANTES Y SHAKESPEARE.

Cervantes sólo encontró la letra V y el número 5.
¿Qué es lo que sólo pudo encontrar Shakespeare?

354. FALTA SÓLO UNA.

¿Qué letra falta en la siguiente serie?
B, C, D, E, I, K, O, X, ...

355. FACILÓN.

La última soy del cielo
y en Dios el tercer lugar,
siempre me ves en navío
y nunca estoy en el mar.

356. MÁS SIGNOS DE PUNTUACIÓN.

Bertrán de Vernet, caballero y trovador, solía provocar a los nobles y demás señores feudales.

Una vez escribió un poema cargado de mala intención para enfurecer a su vecino, Hugo Trencacolls, que tenía fama de hacer honor a su apellido "Rompecuellos" con aquellos que osaban molestarle.

Envió a su juglar, Pajarillo, al castillo del noble a cantarle el siguiente poema:

> *Ratas de cloaca, de bigotes mojados,*
> *babosas henchidas, lagartijas saladas.*
> *En la mesa de Hugo Trencacolls*
> *no encontrareis otro manjar mejor.*
> *En abundancia os llenará el plato.*
> *Hugo ¡caray!, es un puerco,*
> *no es un señor.*

El juglar se fue asustado, ensayando la canción y rumiando alguna argucia.

Le cantó el poema a Hugo y este lo encontró muy halagador. No encontró nada ofensivo en él y le gustó tanto que lo agradeció con buenas palabras y regalos para el señor de Vernet.

Al saberlo, Bertrán quedó consternado. ¿Cómo podía Hugo encontrar halagador un poema escatológico y repulsivo? ¿Quizás había perdido la gracia de ser ofensivo? ¿Había cantado Pajarillo la misma canción que él había escrito?

Pajarillo le juró y perjuró que la había recitado "palabra por palabra".

En la solución se muestra como lo hizo.

¿Se atreve Vd. a recitarlo para que parezca halagador antes de verla?

357. QUITANDO LAS INNECESARIAS.

Si Vd. quita todas las letras innecesarias de la siguiente cadena de letras, le quedará una oración lógica.

UNTOADASLORASLCETRIAONSILNNOECGIESACARIAS

¿Será capaz de conseguirlo?

358. QUITAR LOS DOS TERCIOS.

¿Qué número al quitarle los dos tercios da cero?

359. ENTRO Y SALGO.

¿Qué es lo contrario de "no salgo"?

360. PENDIENTE EN EL CAFÉ.

Esta mañana se me cayó un pendiente en el café.
Aunque la taza estaba llena, el pendiente no se mojó.
¿Cómo es posible?

361. NOMBRE DE HOMBRE.

¿Sabe Vd. un nombre de hombre, de ocho letras, que empieza por m y termina por rio?

362. VEN A MIRAR.

¿Qué lógica matemática sigue la siguiente frase?
"Ven y mira y sigue añadiendo al viejo factor más..."

363. FRASES DE ALGUNOS OFICIOS.

Más de una vez las habrá oído Vd.:
El salchichero: ¿Lo quiere duro o blando?
El carnicero: ¿Demasiado? ¿Corto un pedazo?
El banquero: Lo levantas y pierdes el interés.
El dentista: Si le duele la quito.
El tapicero: Ahora que está colocada, ¿le gusta?
¿Podría Vd. añadir alguna más de este tipo a la lista?

364. ¿CUÁL SOBRA?

¿Qué elemento de los cinco siguientes es el que sobra?
huevo, pescado, base, mesa, apuesta
¿Por qué?

365. EL BURRO Y TÚ.

El burro la lleva a cuestas
metidita en un baúl.
Yo no la tuve jamás
y siempre la tienes tú.

366. ASTUTO PRESIDENTE.

En 1904 el candidato a la reelección como residente de los Estados Unidos, Theodore Roosevelt, hizo figurar en su campaña el curioso y famoso eslogan: *"A MAN, A PLAN, A CANAL: PANAMA"*.

Ganó las elecciones y las obras comenzaron ese año.
¿Qué tiene de curioso el famoso eslogan?

367. CURIOSOS AUMENTATIVOS.

Existen aumentativos castellanos carentes de lógica:
Bueno - buenísimo - pistonudo.
Lejos - lejísimo - en el quinto pino.
¿Sabría Vd. añadir alguno más de este tipo a la lista?

368. DE VIAJE.

¿Qué hay siempre en el centro de París que no se puede encontrar ni en Munich ni en Milán?

369. PANTALÓN, PANTALONES.

Dos amigas van a comprar ropa.
Una dice: "Yo quiero un pantalón".
La otra: "Yo quiero unos pantalones".
¿Cómo es: pantalón o pantalones?

370. EXTRAÑO SIGNIFICADO.

¿Puede Vd. descifrar el significado de la siguiente frase?
edos ns ua epeu zad un

371. ANIMAL MUY GENEROSO.

¿Cuál es el animal más generoso?

372. REFLEXIONE.

¿Cuál es el verbo más reflexivo que existe?

373. CINCO PALABRAS.

Sabiendo que AB, BC, CD y DE son palabras castellanas
ordinarias, ¿qué significado tiene ADCBE?

374. NO DERRAPE.

¿Cuáles son las dos letras siguientes en esta serie?
A, E, F, H, I, K, L, M, ...

375. LAS MÁS LIMPIAS.

¿Qué letras son las más limpias del abecedario?

376. ABUNDA EN GALICIA.

¿Qué es pequeño en Pontevedra y grande en Vigo?

377. ACTUAL SINONIMO DE DIMITIR.

¿Cuál es el sinónimo que mejor le va en la actualidad al verbo dimitir?

378. ACENTO EN LAS CUATRO.

¿Qué palabra castellana se acentúa en sus cuatro sílabas?

379. FALSOS PREFIJOS.

Cuando una palabra comienza con un prefijo y este se elimina, queda una palabra con sentido, que comparte campo semántico con la original.

Así, si eliminamos el prefijo de negación *a* en la palabra *anormal*, obtenemos *normal* que expresa lo contrario; si eliminamos el prefijo de repetición *re* de la palabra *releer*, obtenemos *leer* que expresa una sola lectura frente a varias.

Algunas palabras parecen comenzar con prefijos, cuando en realidad esas letras forman parte de la propia palabra, y, al eliminarlas, se obtiene una nueva palabra carente de conexión con la inicial.

Así, si eliminamos el falso prefijo *a* en avión, obtenemos *vión*, que no quiere decir nada; pero si eliminamos el falso prefijo *re* en regalo, obtenemos *galo*, que significa francés y que no comparte campo semántico con el original.

A continuación se muestra una serie de falsos prefijos.

Abasto-basto, aburro-burro, acera-cera, acosa-cosa, agrada-grada, aguante-guante, Álava-lava, amar-mar.
Encuentre Vd. alguno más.

380. ANIMAL Y PERSONA.

¿Qué animal es también un nombre propio de persona?

381. CORTILARGA.

Cuanto más larga más corta.
¿Qué es?

382. CUATRO AMIGOS.

En la ficha adjunta están los nombres de cuatro amigos.

```
RICARDO
ISMAEL
DOMINGO
 LUIS
```

Es muy fácil separar unos nombres de otros mediante tres líneas rectas.

```
RICARDO
ISMAEL
DOMINGO
 LUIS
```

Pero, ¿sabría Vd. reordenarlos y separarlos con sólo dos líneas rectas?

383. DEL TOSTADOR.

Si rebanada se escribe REBANADA y quemada se escribe QUEMADA, ¿cómo escribiría Vd. la palabra que designa lo que se pone en el tostador?

384. SERIE DE PALABRAS.

Las siguientes palabras forman una serie lógica:

pala - beban - acción - dardo - diente - alifafe

¿Cuál seguiría: millar, griego, venas o kilos?

385. CON SENTIDO.

La siguiente frase: *"Un campesino tenía un perro y la madre del campesino era también el padre del perro"*, es una frase que no tiene sentido.

Queremos que lo tenga añadiéndola solamente un punto.
¿Podrá Vd. conseguirlo?

386. CON LA I Y CON LA O.

Buscamos palabras castellanas de cuatro sílabas cuyas vocales sean todas ies.

Asimismo, buscamos palabras castellanas que tengan entre sus vocales cinco y seis ies.

También, buscamos palabras castellanas de cuatro y cinco sílabas cuyas vocales sean todas oes.

Asimismo, buscamos palabras castellanas que tengan entre sus vocales seis y siete oes.

¿Podrá Vd. encontrarlas?

387. ¿SABE VD. GRAMÁTICA?

¿Qué verbo de la lengua castellana, últimamente, no se conjuga en primera persona?

388. DEL PARAÍSO.

Piensa y lo adivinarás:
¿qué tiene Adán delante
que Eva tiene detrás?

389. FALSOS SUFIJOS.

Los falsos sufijos son similares a los *falsos prefijos* pero en este caso se ha de eliminar la terminación de la palabra que parezca sufijo cuando no lo es.

Si eliminamos el sufijo *illo* en tomillo, obtenemos *tomo*, pasando de una planta muy olorosa a un libro como parte de una obra más extensa. Algunos tienen relación **semántica**, pero no es obvia -como en la pareja *cera-cerilla-* y otros la obvian al escoger un significado diferente al directo -como en la pareja *látigo-latiguillo-*.

A continuación se muestra una serie de falsos sufijos. Ano-anillo, ardo-ardilla, bomba-bombón, borde-bordillo, carro-carrillo, casto-castillo, cera-cerilla, estribo-estribillo, fila-filón, freno-frenillo.

Encuentre Vd. alguno más.

390. EN MAÑO.

¿Cómo se dice en maño: *"Por favor, me puede repetir lo último que me ha dicho, que no lo he entendido"*?

391. ADIVINANZA ELEGANTE.

¿Cuál es la adivinanza de la despedida?
¿Nunca ha oído Vd. hablar de ella?

Aunque ya han aparecido algunos acertijos relativos a otros idiomas, todos los siguientes tienen relación con el idioma inglés.

392. CURIOSA ORACIÓN EN INGLÉS.

¿Puede, ingenioso lector, descubrir lo que tiene de curioso la siguiente oración en inglés?

"Gaze at this sentence for just about sixty seconds and then explain what makes it quite different from the average sentence"

393. FAMOSO MONÓLOGO.

¿Qué conocido monólogo comienza por la expresión lógico-simbólica?

$$2 B V \sim 2 B = ?$$

394. PECULIAR ORACIÓN.

La siguiente oración, además de estar escrita en inglés, ¿qué tiene de peculiar?

I do not know where family doctors acquired illegibly perplexing handwriting; nevertheless, extraordinary pharmaceutical intellectuality, counterbalancing indecipherability, transcendentalizes intercommunications' incomprehensibleness.

395. INCREÍBLE.

¿Qué la palabra inglesa de siete letras se hace más larga cuando se le quita la tercera letra?

396. SINGULAR, PLURAL, SINGULAR.

Encuentre una palabra inglesa que sea singular, agregándole una "s" sea plural y agregándole otra "s" sea de nuevo singular.

397. LA ÚNICA.

¿Cuál es la única palabra inglesa de 15 letras que tiene todas sus letras distintas?

398. SIETE LETRAS, UNA VOCAL.

Encuentre un anglicismo frecuente en nuestro lenguaje que con siete letras contenga solamente una vocal.

399. REORDENE LAS LETRAS.

Las letras ABCDEFGI pueden reordenarse para formar con todas ellas una palabra compuesta inglesa.

¿El capaz Vd. de descubrir cuál es?

400. UNA Y NUEVE.

¿Qué palabra inglesa de una sola sílaba tiene nueve letras?

SERIES REPRESENTATIVAS

¿Qué representan las siguientes series?

a) 1, 3, 4, 6, 4, 6, 4, 6, ...

b) A, B, I, J, L, O, P, Q, R, U, Z.

c) 1, 3, 5, 15, 30, 40, 50, ...

d) 1, 101, 31, 131, 1131, 2131.

e) 7, 7, 7, 6, 6, 5, 7, 6, 6, 6, ...

NO PERTENECE

¿Qué palabra no pertenece al grupo dado?

a) Cisne - sonrisa - pluma - hermoso - pensamiento - vaca

b) Microscopio - lupa - micrófono - telescopio - telégrafo

c) Cola - sierra - clavo - cuerda - clip

d) Poema - novela - pintura - estatua - flor

e) Perro - automóvil - gato - pájaro - pez

f) Ordenanza - escriba - secretario - amanuense - copista

g) Oso - serpiente - vaca - perro - tigre

h) Patata - maíz - manzana - zanahoria - frijol

i) Manzana, uva, plátano, cereza, pera

SINÓNIMOS

Encuentre una palabra que signifique lo mismo que las dos que se indican:

a) POEMA - PIEDRA.

b) TESÓN - ENDEUDAMIENTO.

c) OFICIO - USO.

d) LEVANTE - RUMIANTE.

e) CONSUMADO - CONSUMIDO.

f) OBJECIÓN - DEFENSA.

g) EDIFICIO - TRABAJO.

h) ANÁLISIS - TRATADO.

i) CATARATA - GOLPEADA.

j) HERRAMIENTA - CÚSPIDE.

k) SIMPLE - PEZ.

l) MINERAL - MONA.

m) SALTO -LATA.

n) IZQUIERDA - AVIESA.

o) TORERO - TIZONA.

p) ARBUSTO - ASESINA.

q) VIGILIA - VELA.

r) COLOR - CIUDAD.

s) HABITACIÓN - BANCO.

t) CENTINELA - LUZ.

u) ASTRO - ESPEJO.

v) AMADO - COSTOSO.

w) FRUGAL - SOBRIO.

x) CASA - LUMBRE.

y) SALTO - LATA.

z) MINERAL - MONO.

PALABRA QUE SOBRA

¿Qué palabra sobra entre las siguientes?

a) Aviso - poema - helio - prisa - ahora - venia – meneo.

b) Auto - luna - pez - feliz – roca.

c) Coche - trineo - automóvil - autobús – vagón.

d) Transporte - puerto - plano - dinámico – mesa.

e) Opulento - detergente - abecedario - hilo - uva – editor.

f) Puerta - reja - cancela - portal - persiana – cortina.

g) Diente - niveo - tomboctú - milán – águila.

h) Preda - darme - obaelu – línovi.

i) Impresa – presa – resa – prima – mi – prisa – mar – parco.

j) Aleixandre – Cernuda – Byron – Neruda – Dante.

k) Shangai-Lhasa-Delhi-El Cairo-Nueva Orleáns-Quebec.

l) Hormiga - araña - abeja - falena – mosquito.

m) Apio - babel - cromán - existo - ileón – podón.

n) Res - rengo - río – riada.

LAS SOLUCIONES

1. Breve.

2. La i por una u y así obtener CUERVO.

3. En casa del herrero cuchillo de palo.

4. Son las iniciales de los meses del año, comenzando por julio, por lo que faltan por delante EFMAMJ y por detrás D.

5. Los aguacates.
Le gustan todas las cosas que comiencen con una preposición.

6. Su nombre Julia Roberts, contiene las cinco vocales.
Los actores españoles Juan Diego y Luisa Merlo también tienen en su nombre las cinco vocales.
También: Julio César, Martín Lutero, Rubén Dario...

7. SOLAMENTE UNA PALABRA.

8. Si tomamos el OCHO y el TRES, el tercero sería el MIL.
Casi todos los números tienen en su nombre o bien letra "o" o bien la letra "e" (algunos como ONCE, contienen ambas). Eligiendo un número con "o" (OCHO), el segundo será un número con "e" (TRES), el tercero deberá ser uno cuyo nombre no incluya ninguna de estas vocales.

9. Villanías.

10. Pérez + Oso = Perezoso.

11. Oslo.

12. ARGELIA-ALGERIA. ERITREA-ERITREA.

13. Las palabras ocultas son: Pera, melón, sandía, mango, mora, pasa, zapote, almendra y tuna.

14. Es un palíndromo.

15. Doce.

16. "Cien al cubo". "Tres mil al cubo". "Dos más equis" (2+x) para cualquier valor de x.

17. INCORRECTAMENTE. Esta charada nos pilla desprevenidos, porque pensamos que la palabra actúa como adverbio que modifica el verbo "escribir", en lugar de pensar en la palabra en sí misma.
En semántica moderna las cuestiones relativas a palabras o frases se formulan en lo que se llama un "metalenguaje" del lenguaje "objeto" al que pertenezcan. Para distinguir un lenguaje de otro, es costumbre entrecomillar los enunciados o frases del lenguaje objeto. Por ejemplo, de haber escrito "incorrectamente" entre comillas, la pregunta hubiera resultado mucho menos ambigua. Es frecuente que se produzcan confusiones si no se acierta a distinguir ambos niveles de lenguaje. He aquí un par de frases que pueden servir de ilustración: No-sé-cómo se llama mi perro. ¿El matemático chino? ¿Kuan-do va a venir?

18. Soy una sílaba.

19. Ni lo uno ni lo otro, el segundo día de la semana es el lunes.

20. En el mil. Thousand = 1.000.

21. El salto de altura, porque hay que superar el listín.

22. Paso, peso, piso, poso, puso.

23. TU - Y.

24. Las cuatro palabras son anagramas de nombres de río: TÁMESIS, EBRO, NILO, SEGURA.

25. Antonio es amurrionés, Gaudioso es guisandero y Teófilo es tudelillano. Los tres son gentilicios pentavocálicos.

26. Veintiuno. Veintiún trillones.

27. Seis.

28. En todo el párrafo no hay una sola letra a. Sin embargo, aparecen todas las otras letras del abecedario.

29. ¿Quién, yo?

30. Abecedario.

31. La letra P. Porque, de acuerdo con el refrán "No está muerto quien pe...lea".

32. Gorrión.

33. UNA PUNTADA A TIEMPO AHORRA NUEVE.

34. La X. Son las letras que se usan en los números romanos.

35. Manolete está tomando café.
La letra "e" aparece dos veces en su nombre, como hace en los nombres de los que están tomando café.

36. *Camareros:* está formada por cama y eros.
Camaroneros: está formada por camarón y eros.
Camaroneros: está formada por **cama**, **ron** y **eros**. Además el consumo de camarones dicen que es afrodisíaco. *(Rodrigo Pacheco Castillo - México)*

37. NUNCA.

38. Cualesquiera de las letras: F, L, M, N, Ñ, R, S.

39. (Lima-limón), (Corona-coronilla), (Benditas-vendas), (Bono-bonito), (Tramo-tramito), (Ambos-ámbitos), (Taza-tácita)...

40. Error.

41. Ninguna. Se acentúan todas.

42. Doroteo, Teodoro.

43. Se echó la gorra hacia atrás y se rascó la mollera pensativo. No era para menos.

44. Reconocer, (9 letras).
Otros palíndromos: Soldadlos, saldadlas, sometemos...

45. Porque mi tía se llama Luz.

46. En castellano no conozco ninguna.
En inglés: FACETIOUSLY.

47.

<pre>
        El prudente predis- PONE
         El químico descom-
         El remendón recom-
         El testarudo contra-
           El testigo de-
         El vanidoso se ante-
          El viajero se ultra-
            El hombre pro-
              Y Dios dis-
</pre>

48. La letra V.

49. Franco y el Azor.
Corcuera y los gorilas.
Sito Miñanco y los camellos.
José Mallorquí y el coyote.
Elena Benarroches y los visones.
Platero y yo.
Félix y el gato.

50. Anticonstitucionalmente. Electroencefalografista.
Con 27: electroencefalográficamente.

51. Porque los abogados, en los pleitos, la mitad "pierden el juicio" (y la otra mitad lo ganan).

52. Micaela.

53. Este acertijo basa el equívoco en la polisemia y en los sinónimos.
Un sinónimo de "habitación" es "cuarto" y este término también tiene otro significado al referirse a 1/4 de la esfera horaria.
Como no hay "un cuarto" para ellas diremos que: Falta un cuarto para las tres.
O sea, las 2 horas 45 minutos.

54. V. Después de cada vocal va la consonante siguiente en orden alfabético.

55. Lo pone en la Biblia: *"En el cielo sólo entran los justos"*.

56. Azahara.

57. UNA SOLA PALABRA.

58. Se está hablando del número de letras de los números 2, 3, 4 y 6.

59. En realidad, las yemas son amarillas.

60. El cinco.

61. Que las mesas no son para sentarse.

62. Anguila.

63. "Las dos tocadas".
Otras soluciones: "Las dos tocadas cerca de la media". "Las dos clavadas". "Dos para las dos". Etc.

64. Es un palíndromo.

65. Septiembre.

66. En el número 1 de la revista Cacumen (febrero de 1983), se animaba a los lectores a enviar palabras panvocálicas a la redacción de la revista para engrosar la colección. Un lector, Juan Plaza Martín, envió en abril la siguiente historia:
(Dialogantes: Doña **Eulogia**, don **Aurelio** y don **Manuelito**)
*Doña **Eulogia**:* **Dulzaineros** días, don **Aurelio**.
*Don **Aurelio**:* **Lucharniegos** los tenga Vd. **Putrefacción Euboica**.
*Doña **Eulogia**:* ¡Huy! ¿Qué **bufonería**! Poco **eucrático** y falto de **euforia** le veo hoy **abuelillo**, a pesar de estar tan bien **guarnecido** en su **buñolería** con sus **auténticos** buñuelos con **agujeritos**. Tenga usted **eubolia**. ¡Por favor! **Dialogue** como es debido y **cultiparlemos**.
*Don **Aurelio**:* No me sea **quiróptera**, señora suya, pero perdóneme, doña Euloginina, es que he mandado a mis **aguileños** nietos a por **eucaliptos** y a la **turronería** de **Fuengirola** y se han ido con el **zurrapiento** hijo del **buscapleitos guitarrero**, llevándose mi **aurífero amu-**

letito y el **burielado pulverizador guadijeño** de perfume canino de la **cuellicorta** perra de mi esposa, que estaba jugando con el **cuentahilos** de la alfombra.

*Doña **Eulogia**:* ¡Malditos **cuatrerillos**!

*Don **Aurelio**:* ¿Cómo dice usted?

*Doña **Eulogia**:* No, nada; que no se debe usted **sugestionar**. Su estado de salud es harto **quebradizo** y los servicios **funerarios** están por las nubes.

*Don **Aurelio**:* ¡Qué **quijotesca** es Vd., amiga mía!

*Doña **Eulogia**:* ¡Cálmese, hombre! **Acudiremos** de modo **subitáneo** al **cuartelillo** y **aduciremos** las razones para la denuncia de esos **cultivadores** del hurto. (Pausa) Usted ya sabe que no me gusta **curiosear**, pero, ¿qué más le han quitado? ¡Diga, diga!

*Don **Aurelio**:* Pues, el **muestrario** de bombones de licor, una **duodécima** parte de mis ahorros y cinco u ocho cosas más que tenía anotadas en el **cuadernillo cuadriforme** con la **numeración** de los objetos que me van desapareciendo.

*Doña **Eulogia**:* Bueno, bueno, don Aurelín. Vamos a ver al **cuellilargo** comisario y **aludiremos** la **sublevación** de esos pillos. Le tendrán que **subvencionar** o hacer una **cuestación** a su beneficio.

*Don **Aurelio**:* Vamos, pero le hallaremos hablando con el médico de **curanderismo**, **tuberosidad**, veterinaria y **cuakerismo**. ¡Me gustaría oírlos por un **agujerito**!

*Doña **Eulogia**:* ¡Pam! ¡Pam! ¿Se puede, don **Manuelito**?

*Don **Aurelio**:* ¡Ay! ¡Ay! ¡Ay!

*Don **Manuelito**:* ¡Hasta adelante, rápido! Deme la lista de la **vulneración** de esos **rufianeros** con **aguijones** que no merecen **manutención** ni **sucesoría**. Ustedes ya **cumplimentaron**. Yo les daré **sustentación** y **tumefacción**. Se pueden marchar. ¡Andando y **gerundiando**, que es gerundio y panvocálica!

*Don **Aurelio**:* ¡Hasta mañana!

*Doña **Eulogia**:* ¡Eso!

En la página web de Víctor Carbajo se encuentra la mayor colección de panvocálicas españolas que yo conozco.

67. Defectuosamente.

68. Todo, en el mundo de mi sobrino, debe tener alguna letra repetida.

69. Estoy satisfecho de que Jorge trate de seducir a mi mujer pero no estoy contento en absoluto.

70. O, Casio y Nicasio.

71. La liebre come hoy.

72. Del parlamento.

73. Un CUADRADO es un RECTÁNGULO, pero un RECTÁNGU-LO no es un CUADRADO.

74. Se trata de las iniciales de los primeros números naturales en francés: un, deux, trois, quatre, cinc, six, sept, huit, neuf. La letra siguiente es **d** (dix).

75. Carmen.

76. 888 = DCCCLXXXVIII.

77. JAMÁS.

78. Juliana.
Que además esconde: Juana, Julia, Lía, Ana, Julián y Juan.

79. Lengua de gato.
Cuello de cisne.
Pecho de lobo.
Corazón de león.
Hígado de bacalao.

Cintura de avispa.
Rabo de lagartija.
Huevos de esturión.
Muslos de pollo.
Patas de gallo.
Manitas de cerdo.
Piel de asno.
Sangre de toro.
Lengua viperina. (De víbora)
Pies de gato. (Calzado utilizado por los escaladores para tener mayor adherencia)
Diente de león. (Una planta)
Cabeza de chorlito.

80. Quintín, Fe, Judith, Puy, Pepín, Pepe, Edith, Nefutuin, Kenet, Medín, Kevin, Hebe, Febe, Nieve, Nube (Concursante de "Confianza Ciega" de A3), Zebenzui (Zebenzui Riquelme, Corresponsal de informativos), Enid (Madre de Judith de Gran Hermano 4).

81. En el diccionario.

82. P-O-Ta-Si-O.

83. La de cualquier músico bueno.

84. Zorra - arroz.

85. Sábado.

86.   Desembebecerse,   desembellecerse,   empedernecerse, entenebrecerse,   excelentemente,   preferentemente,   vehementemente, represénteseme...

87. Invariablemente.

88. "Ahora".

89. *"Porque según la maestra, dos negaciones equivalen a una afirmación".*

90. In-de-pen-dien-te.

91. Ya no será "EL GRAPO", será "GRAPO".

92. Agregando, por ejemplo, "ning" obtiene "ninguno".

93. En todos los diccionarios.

94. Son las últimas letras de los días de la semana.

95. Leyendo las primeras letras de cada verso: "Enigma".
Cristóbal Pérez Herrera, en el siglo XVIII, encabezó una serie de enigmas con este acróstico autoalusivo.

96. Acarambanada.

97. MARCO.

98. Cuando el café todavía está en grano o en polvo.

99. Su puntuación era esta:
> *Juana, Teresa y Leonor*
> *puestas de acuerdo las tres,*
> *me piden diga cuál es,*
> *la que prefiere mi amor.*
> *Si obedecer es rigor,*
> *¿digo, pues, que amo a Teresa?*
> *No. ¿A Leonor, cuya agudeza*
> *compite consigo ufana?*

No. ¿Aspira mi amor a Juana?
¡Que no! Es poca su belleza.

100. ROLDAN.

101. Escriba con ellos la palabra NUEVE.

102. AVARAS.
Entre la primera y la última letra hay una VARA.

103. GLOBO.

104. Además de tener sentido, incluye las vocales en su orden natural.

105. Se trata del ingeniero ruso "Zworykin, Vladimir".
Es la última acepción de la Enciclopedia Salvat.

106. Hipotenusa.

107. UNA NUEVA FRASE.

108. Escribió en el papel "SU PESO EXACTO".

109. Porque cuando una cosa es buena, es cojonuda y cuando no, es un coñazo.

110. Macedonia.

111. El mochuelo. Por eso nadie quiere cargar con él.

112. Porque cuánta más leche llevan, más despacio van.

113. Desnudarse.

114. Septiembre, Octubre, Noviembre y Diciembre.

115. El lo lo lo loro tar tar tartamudea.

116. Alfalfa.

117.
a) SEGREGARAS.
b) QUISQUILLOSO.
c) ARISTOCRÁTICOS.
d) AGREGARÉ.

118. En el escrito no se ha empleado ni una sola vez la letra a.

119. No hace falta *transgredir* las reglas de ortografía, ni ser un buen *constructor*, ni *abstraerse* pensando, para *construir* una palabra que contenga cuatro consonantes seguidas. *Transplantar*, *substraer*, *abstraer*, *abstracto*, etc.

Si le parece que existen pocas, le muestro una lista de 164:

Abstracción, abstracta, abstractiva, abstractivo, abstracto, abstraer, abstraída, abstraído, abstrusa, abstruso, adscribir, adscripción, adscripta, adscripto, adscrita, adscrito, adstrato, adstricción, adstringente, adstringir, ángstrom, angstromio, circunscribir, circunscripción, circunscripta, circunscripto, circunscrita, circunscrito, conscripción, conscripto, constreñimiento, constreñir, constricción, constrictiva, constrictivo, constrictor, constrictora, constrictura, constringente, constringir, constriñimiento, constriñir, construcción, constructiva, constructivismo, constructivo, constructor, constructora, construir, demonstrable, demonstración, demonstrador, demonstradora, demonstramiento, demonstrar, desobstrucción, desobstruir, gángster, imperscrutable, incircunscripta, incircunscripto, incircunscrita, incircunscrito, inconstruible, inscribible, inscribir, inscripción, inscripta, inscripto, inscrita, inscrito, inscrutable, instridente, instrucción, instructa, instructiva, instructivamente, instructivo, instructo, instructor, instructora, instruida, instruido, instruidor, instruidora, instruir, instrumentación, instrumental, instrumentalmente, instrumentar, instrumentista, instrumento, instruta, instruto, landgrave, landgraviato, menstrua, menstruación, menstrual, menstrualmente, menstruante, menstruar, menstruo, menstruosa, menstruoso, monstro, monstruo, monstruosa, monstruosamente, monstruosidad, monstruoso, obstrucción, obstruccionismo, obstruccionista, obstructor, obstructora, obstruir, pechblenda, premonstratense, reconstrucción, reconstructiva, reconstructivo, reconstruir, sánscrita, sanscritista, sánscrito, subscribir, subscripción, subscripta, subscripto, subscriptor, subscriptora, subscrita, subscrito, subscritor, subscritora, substracción, substractiva, substractivo, substraendo, substraer, substrato, transcribir, transcripción, transcripta, transcripto, transcriptor, transcriptora, transcrita, transcrito, transflor, transflorar, transflorear, transfregar, transfretana, transfretano, transfretar, transgredir, transgresión, transgresiva, transgresivo, transgresor, transgresora, tungsteno.

120. Cloro, Boro.

121. MÉXICO.
Se queda en MXC = 1.090 si se le quitan las vocales.

122. Cuatrocientos cincuenta y cuatro. Tiene 29 letras.

123. "SÓLO UNA COSA NO HAY. ES EL OLVIDO".

124. Es un palíndromo.

125. Añadir alguna palabra amable a un telegrama.

126. Fuengirola.

127.
a)   Pelaje. Cada palabra de la frase tiene una letra más que la anterior. La que le falta debe tener seis letras.
b)   Accesorios. Tiene dos letras repetidas juntas.
c)   Agua. Tiene dos letras repetidas separadas.
d)   Murciélagos. Las palabras van apareciendo con una vocal, con dos, con tres, etc.

128. El discurso era totalmente original.
El alumno estuvo repasándolo, palabra por palabra, con el diccionario.

129. Ayer, hoy y mañana.

130. Murciélago, (10 letras). Contribuyes (11 letras). Centrifugados, (13 letras).

131. El gato, que es gato y araña.
También vale la zorra porque es zorra y además cobra.

132. L-una, C-una, D-una, T-una, Una-s, A-una, R-una, etc.

133. Dice: "ES UN MENSAJE FACIL".

134. S. La secuencia es: Primero, Segundo, Tercero, Cuarto, Quinto, Sexto.

135. Fue ilógico que mi mujer preguntara: *"¿C de qué?"*, si ya conocía la letra que le interesaba saber.

136. Paralelepipédicos, caricaturizábamos. (17 letras)

137. Todas las mañanas, al salir el sol por encima de las montañas, se puede contemplar la más bella aurora.

138. La letra opuesta a la H es la S. La letra S está repetida en el dado. El desarrollo del cubo se observa en la figura.

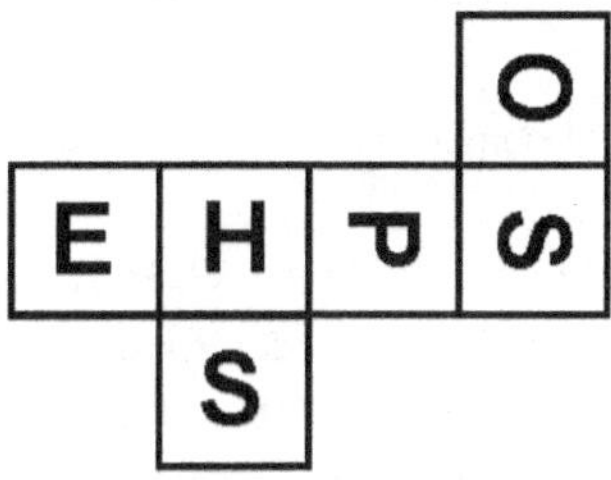

139. *El notario:* A ellas me remito, pues vuestro padre dejó escrito: "...Y dejo a mi hijo pequeño lo que ellos quieran".

140. Dadivosidad. Ionización.

141. Cuando el preguntado tarde en encontrarla, se le debe animar diciendo que la solución es difícil, o mejor dificilísima. Y como todavía seguirá buscando, dígale que es dificilísima subrayado, o "dificilísima" entre comillas. Claro también valen como soluciones: Disciplinadísimo, divisibilidad, insignificancia, inteligibilidad...

142. NOVENO, NOVENA.

143. Porque *"David es con de"*. (Además, de pies a cabeza).

144. Ocho-Uno-Dos-Tres-Nueve-Seis-Cinco-Siete-Cuatro. Hay más soluciones.

145.

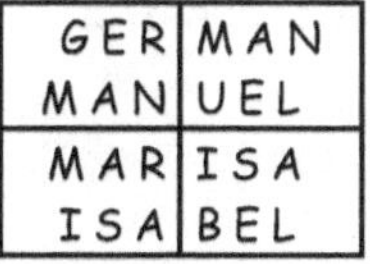

146. SEGREGARAS, QUISQUILLOSO, ARISTOCRÁTICOS...

147. CARRUAJE - VEHÍCULO - CARAVANA.

148. Contemos el número de letras de cada número.
TRES + OCHO = ???
4 + 4 = 8. La respuesta puede ser OCHO.
Otra solución: Según la primera: OCHO = UNO + SIETE.
Entonces: TRES + OCHO = TRES + UNO + SIETE = DOCE.
Moraleja: Mezclada con literatura la matemática deja de ser exacta.

149.... perdido la vaca y la baca.

150. Rosa, ...

151. El perro se llamaba "SIN EMBARGO".

152. Basta con encontrar un nombre que contenga las cinco vocales. Por ejemplo: AURELIO.

153. En Química, pues le decía: Ca-Ra-D-U-Ra, Fe-O, Co-C-H-In-O, Ca-F-Re, La-Nd-Ru, todos símbolos químicos.

154. Son los números cuyos nombres empiezan y terminan con la misma letra.

155. Carlos y Daniel fueron ese preciso día de Reyes al Banco de España.
Carlos se colocó delante, mientras Daniel dio la vuelta colocándose detrás del banco.

156. Desentenebrecerse.

157. UNA FRASE CORTA.

158. Antes de empezar un partido de fútbol, el tanteo siempre es 0 a 0.

159. De ninguna de esas formas. El segundo milenio comenzó el 1 de enero del año 1001.

160. Pablo, ...

161. *"Si sales mañana misma hora volverás a perder tren, abrazos Lola".*

162. Cierto.
Esto les ocurrió a dos amigos en la celda de la cárcel, tiritaban de frío por haber hecho una estafa.
No les hubiera sucedido si en lugar de hacer una estafa hubieran hecho una estufa.

163. Porque mi padre siempre está diciendo: *"Mira que coche lleva aquel imbécil..., mira que suerte tiene aquel imbécil..., mira que bombón sale con aquel imbécil...".*

164. Es un palíndromo.

165. Los 50.000 lectores que contestaron "No hay solución posible" resolvieron el acertijo, ¡pues esa es la frase que da una vuelta completa por el planeta!

166. Paupérrimo.

167. PADECIMIENTO.

168. También me la facilitó en verso.

Hoy afirma que fue un loco,
puesto que economizar,
no es gastar mucho ni poco,
sino saberlo gastar.

169. Anteayer, ayer, hoy, mañana, pasado mañana, al otro y al siguiente.

170. Doce letras. Cinco vocales (a,e,i,o,u) y siete consonantes (h,k,l,m,n,p,w).

171. El granjero tendrá 60 caballos. Por mucho que nos empeñemos en decir que las vacas son caballos, no por eso nos van a hacer caso.

Este problema *es una variante de una broma debida a Abraham Lincoln. En cierta ocasión le preguntó a un individuo que mantenía que la esclavitud no era esclavitud, sino una forma de protección, cuántas patas tendría un perro si dijésemos que su cola es una pata. La respuesta, dijo Lincoln, es cuatro, porque llamar patas a los rabos no los convierte en patas.*

172. Matrimonio consumado - Matrimonio consumido.

173. No, era un vendedor de helados.

174. Son los números del 1 al 9 escritos por orden alfabético.

175.

Castilla, París te ha dado
amorosa, la más cara
muestra. Por tal, a la corte
a tu noble aviso pasa.

176. Subir para arriba.
La bella idiota. (Según un compañero, profesor de lengua)

El matemático despistado.
Falsa ilusión.
Historia pasada.
Sorpresa inesperada.
Sal afuera.
Ven aquí.
Entra adentro.
Todos y cada uno.
Par de gemelos.
Réplica exacta.
Hijo varón.
Volar por el aire.
Avanzar hacia delante.
Casco protector.
Medio ambiente.
Rodeado por todas partes.
Miel de abeja.
Resultado final.
Animal irracional.
Errata de imprenta.
Funcionario público.
Filo cortante.
Monopolio exclusivo.
Divisa extranjera.
Macedonia de frutas.
Lleno a rebosar.

177. BUENAVENTURA.

178. Cuando se oye ese comentario a los repartidores.

179. Leve es lo contrario de **grave** en medicina.
Agudo es lo contrario de **grave** en música.
Leve es lo contrario de **agudo** en cirugía.

180. MIL. IVI.

181. Nada.

182. Pruebe a ir suprimiendo palabra por palabras de atrás para adelante.

183. Aparecen en la siguiente coplilla:
> *El chocolate excelente*
> *para que cause placer,*
> *cuatro cosas ha de ser;*
> *espeso, dulce, caliente*
> *y de manos de mujer.*

Decía un apasionado del chocolate:
> *"De rodillas se fabrica,*
> *juntas las manos se bate,*
> *mirando al cielo se toma;*
> *ioh divino chocolate!"*

184. La primera letra de cada uno de los estados de USA en orden alfabético.

185. No es oro todo lo que reluce, ni harina lo que blanquea.

186. Aurelio, Eustaquio, Eufrasio, Eufronia, Eustasio, Eulogia, Eulalio, Gaudencio, Gualterio, Laudelino, Laurencio, Laurentino, "Manuelito", "Miguelazo"...

187. PENSAR.

188. "Tire" y "empuje".

189. La abeja - Zumbido.
El asno - Rebuzno.
El caballo - Relincho.

La cabra - Balido.
El cerdo - Gruñido.
El cuco - Canto.
El cuervo - Graznido.
El elefante - Barrita.
La gallina - Cacareo.
El gato - Maullido.
El león - Rugido.
La paloma - Arrullo.
La pantera - Himpla.
El perro - Ladrido.
El toro - Bramido.

190. La VID.

191. Ninguna. Para Villavieja iba yo.

192. La L. PERLA, PERAL.

193. Enseñando la letra "b" con la mano derecha.

194. Ponga una F en _ para formar una E.

195. c) No es razonable realmente confiar en algo que no ha ocurrido todavía y que puede que no llegue a suceder.

196. El eucalipto. La orquídea.

197. Son los únicos que tienen 6 letras.

198. U, V, W, X, Y, Z. Porque todas ellas vienen después de T.

199. ESTOY DENTRO. Hay tendencia a pensar que lo contrario de "no estoy dentro" es "estoy fuera", pero claro, lo contrario es "no-no-estoy dentro" que significa justamente "estoy dentro".

En sentido lógico estricto, dos negaciones consecutivas producen una afirmación, lo mismo que al multiplicar dos números negativos resulta uno positivo. En lógica formal, la regla es que cualquier número par de negaciones equivale a una afirmación, y un número impar, a una negación.

200. El catorce.

201. Solamente pueden entrar hasta la mitad.
A partir de ella saldrían.

202. Porque cuánto más calor tiene, más fresco es.

203. "Y esto decía una **monja**: a los **torpes** que te **jaranan** día y noche, ámales; a los que no **crean** en ti, quiéreles; a quien **lime** tu honor y mancille tu nombre, estímalo; a quien **merca** con tu desgracia, perdónalo. De los **pecados** de los otros, **aleja** tu mente. Pero a quien te **opia** y te aburre con sus **tacañas** conversaciones, a ese dale un golpe".
Jamón, postre, naranja, carne, miel, crema, pescado, jalea, apio, castaña.

204. JFK, iniciales del presidente John F. Kennedy.
La secuencia muestra las iniciales de los últimos presidentes de los Estados Unidos: Bush, Clinton, Bush, Reagan, Carter, Ford, Nixon, Johnson, Kennedy.

205. Aprovecha para ir a SU casa (de Vd.) y hacer el amor con SU mujer (de Vd.).

206. Sólo se me ocurre: "Cucudrulu".
Otras con las demás vocales:
Con la A: La mala pasada ata a Ana a la casa.
Con la E: Clemente, este té es excelente.
Con la I: ¡Vivid mil brindis!.
Con la O: ¿Somos nosotros sosos o somos sólo dos locos?.

207. Tachando "LAS LETRAS SOBRANTES" queda "UN VER-
SO CELEBRE".

208. La letra "d".

209. Mario se quiere casar.

210. El verbo cantinflear.

211. Mi amigo tenía la sana intención de quitarse su zapato a la
vez que yo.
De este modo, nunca podría hacerlo yo solo.

212. La letra S.

213. a) Es mi culPA; **SI LLO**ras tienes razón.
b) Al po**CO ME DOR**mí y soñé con una casa.
c) Había un baoba**B AÑO**so en el baño.
d) Las re**DES VAN** al agua, los peces a la cocina.

214. Cada elemento se corresponde con el número romano
contenido en el nombre del número (0 si no contiene ninguno):

uno	0
Dos	500
tres	0
Cuatro	100
CInco	101 - (CIC no es un número romano correcto)
seIs	1
sIete	1
oCho	100
nueVe	5
DIez	501

Los tres siguientes son:

onCe	100
DoCe	600
treCe	100

La serie puede continuar mientras no haya dificultades para nombrar los números.

215. Los ojos son pardos.

216. Mozambique.

217. La palabra oculta es PÁLIDO.

218. Una letra más.

219. Honrado.

220. La respuesta exacta es: Oía (del verbo oír).
Podrían valer también, ya que es un acertijo, las siguientes:
a-te-o, ca-pe-a, ca-te-o, ca-te-a, etc. y algunas más.

221. Transplante de piel, en italiano.

222. Ser un buitre - Persona aprovechada.
Ser un gallina - Persona cobarde
Ser un zorro - Persona astuta.
Ser una zorra - Mujer muy promiscua o una prostituta.
Ser un tigre - Persona valerosa.
Ser un toro o estar fuerte como un toro - Persona robusta.
Ser un merluzo o ser un besugo - Persona estúpida.
Ser un pato - Persona torpe y de escasa habilidad física, cuyos andares recuerdan los del palmípedo.
Ser un pavo - Persona insulsa, ingenua y falta de picardía.

Ser un pájaro - Persona de poco fiar.
Ser un gusano - Persona rastrera, vil y despreciable.
Ser una ardilla - Persona rápida y dinámica.
Ser una yegua - Mujer con gran atractivo sexual.

223.
a)   A la ocasión la pintan calva.
b)   En casa del herrero cuchillo de palo.
c)   Más vale pájaro en mano que ciento volando.
d)   Dime con quién andas y te diré quién eres.
e)   Tanto va el cántaro a la fuente que al final se rompe.

224. Rádar. Es la única capicúa.

225. Novela.

226. El murciélago. Que tiene 10 letras distintas.
Otros: Quetzalito, borreguita... El Quetzal es un ave preciosa, símbolo de Guatemala. De hecho su moneda es el Quetzal.

227. La palabra oculta es BALDE.

228. Es totalmente cierto.
El número romano CUATRO (IV) está en el centro de la palabra cinco en inglés: F(IV)E.

229. Tengo un resfriado de narices.

230. Dátil-dátiles. Dócil-dóciles. Cáliz-cálices. Ángel-ángeles...

231. Luis; como queda dicho.

232. Sobre el café.

Caliente

Aromático

Fuerte

Espeso

233. El profesor de la escuela de kamikazes a los alumnos.

234.

a)   Son las letras que no figuran en el nombre de ningún número.

b)   Cada palabra empieza con el nombre de una nota musical.

c)   Cada nombre incorpora por lo menos una nueva letra que
no había aparecido hasta entonces.

d)   Son palabras que leídas al revés dan nombres de animales:
res, león, ratón y zorra.

235. La letra e.

236. Abracadabra.

237.

a)   Arriba van las letras que tienen eje de simetría vertical.

b)   Abajo van las letras que tienen eje de simetría horizontal.

c)   Arriba están las letras sin ojos. En el centro las que tienen sólo un ojo. Abajo la única que tiene dos ojos.

d)   Arriba van las letras que tienen alguna parte curva.

238. Envía jet al rescate de los amigos rusos.

239. En puré, naturalmente.

Esta solución es válida sea cual sea el número de niños y el número de patatas.

En un concurso celebrado en el instituto Fray Luis de León de
Salamanca, uno de los alumnos (Moisés González Sánchez) dio una
solución muy original, que aunque aceptamos en este caso concreto,

no sería válida en otros. La solución que aportó fue la siguiente: *"Se colocan en fila los 6 niños y se intercalan las patatas entre ellos: N p N p N p N p N p N"*.

240. Huía.

241. AZAHAR.
La consonante inferior es una Z y no una N.

242. La letra O.

243. La primera asiente: SI. La segunda niega: NO.
La solución de esta charada es el SINO.

244. Tachar los números cuyo nombre no tenga tres letras.

245.

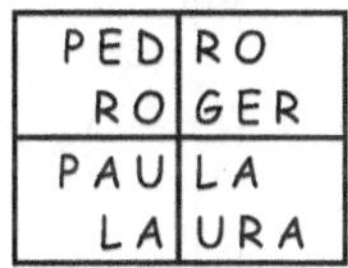

246. a) Télex. b) Piedad. c) Vendaval. d) Pabellón. e) Pernera. f) Flocadura. g) Cabotaje. h) Obvio. i) Suroeste.

247. ELEFANTE.

248. En todo el párrafo no hay una sola letra i.

249. Por ejemplo: *"Pepe y Paco han ido de caza con sus canes"*.

250. Ángstrom.

251. El perro se llamaba "VIVA".

252. La serie está compuesta por las letras mayúsculas alfabéticas, cortadas por la mitad horizontalmente y superponiendo la parte inferior a la superior.

253. iSaaC NeWToN - aLBeRT eiNSTeiN - LouiS PaSTeuR.

254. I. Se sigue el orden alfabético en los dos sentidos: L, M, N. K, J, I.

255. "Esta frase tiene las siguientes vocales: seis a, doce e, seis i, cuatro o y tres u".

256. Craioveanu. Jugador de la R. Sociedad, Villareal, Getafe...
Y todos los que se llamen Aurelio, Eustaquio, Eufrasio, Eustasio, Eulalio, Gaudencio, Gualterio, Laudelino, Laurencio, Laurentino...

257. Después de tachar "SEIS LETRAS" las letras restantes deletrean "PLÁTANO".

258. Ca-mi-la.

259. Siete y cinco son doce.

260. Óleo y área.

261. Porque el tiempo sin "ti", es "empo".

262. La letra A.

263. Le muestro dos ejemplos:
"Mi pequeño ex-jefe loco gozaba vertiendo whisky". (40 letras)
"Tu jefe gozaba con whisky que exprime de la viña". (39 letras)

264. P y Q (por qué). Cada letra es la primera de cada palabra de la oración.

265. El abecedario.

266. OISEAU.

267. Podría seguir: TELAR...

268. El diccionario.

269. Para poder dar la respuesta, es necesario saber el significado de "caminar alrededor".
- Si se toman las palabras de "caminar alrededor" con su significado corriente, el niño, sí camina alrededor del mono.
- Si "caminar alrededor" de algo se entiende, como el moverse de tal forma que nos permita ver todos sus lados, entonces la respuesta es negativa. En este caso un ciego no podría caminar alrededor de ninguna cosa.
- Si "caminar alrededor" de algo se entiende como el ir de forma que, dado el sentido de la vista, pueden verse todos los lados, entonces la respuesta es negativa. En este caso no se podría caminar alrededor de un hombre que estuviera encerrado dentro de una caja.
- Etc.

Todo el asunto es divertidamente estúpido. Si al comenzar se exigiera una sencilla y correcta definición de "caminar alrededor", ya no habría acertijo y se evitaría una inútil y frecuentemente acalorada discusión.

270. Chrysler.

271. Ni 26, ni 27, "en el abecedario" hay 14 letras.

272. La letra O.

273. ANA-STASIO, ...

274. La letra que completa la serie es la "S".
Cada letra de la serie, es la primera letra de cada palabra de la
pregunta.

275. Al llegar los invitados: "Por fin". Al irse: "¿Ya?"
Debe tener cuidado para no intercambiarlas.

276. Cointreau.

277. PIMIENTO.

278. El rey DAVID en números romanos.

279. Solamente tiene dos tiempos:
Nosotros abolimos, vosotros abolís.

280. Efervescentemente. Desembellecérsele.

281. El nieto era un sacerdote.

283. OSCAR WILDE.

284. Rubén. Todas las parejas de amigos tienen las cinco vocales entre los dos nombres.

285. No es posible.

286. "Hijo de puta" (con perdón).

287. LECHUGA.

288. Un re-mi-en-do.

289. Almería: urcitanos.
Canarias: guanches.
Guadalajara: caracenses
Jaén: aurcitanos.

290. ...

291. Esdrújula.

292. Alguien reprochó a Todos porque en realidad Nadie hizo lo que hubiera podido hacer Cualquiera.

293. Uruguay-Montevideo.

294. N y T. Son las dos próximas letras en el orden alfabético que están escritas usando sólo trazos rectos.

295. La letra o.

296. Zamarramala. Matalascañas. Guadalajara.

297. UNA BROMA.

298. RENAULT anagrama de NEUTRAL.

299. La copia de su **cuñado** decía: *"Yo dejo mis bienes: a mi hijo no, a mi sobrino tampoco, nunca se pagará la cuenta del sastre, no dejo mis bienes a mi esposa no, a mi cuñado.*
Que mis deseos sean órdenes. Facundo Fonseca".

300. ¡Es falso! La oración contraria: *"Esta frase no consta de siete palabras"*, está formada exactamente por siete palabras.
¿Cómo resolver estos raros dilemas?

301. El mar de Mármara.

303. El taquígrafo del Parlamento.

304. SAMUEL. Todas las parejas de amigos tienen las mismas vocales en el nombre.

305. Las cinco. Las cinco y cinco.

306.
El coral - Espécimen invertebrado.
La coral - Grupo de personas que cantan a coro.
El cometa - Cuerpo celeste.
La cometa - Juguete.
El cólera - Enfermedad.
La cólera - Ira.

307. Si en "ODICEULZLTETARAS" tachamos "DIEZ LETRAS" queda "OCULTA".

308. Intríngulis.

309. Doroteo, Teodoro.

310. No tiene la vocal "a".

311. Es el único número que tiene todos los dígitos del 1 al 9, dispuestos en orden alfabético.

312. Aznar tiene ansia de poder. (Cambie p por j)

313. Ajedrez, automovilismo, boxeo, equitación, golf, hockey, montañismo, waterpolo.

314. S. Por orden alfabético, una vocal, una consonante, una vocal, dos consonantes, una vocal, tres consonantes, etc.

315. La letra a.

316. Todas contienen tres letras consecutivas del alfabeto.

317. a) CON. b) SOBRE.

318. Es la definición más aceptada de "inteligencia".

319. ¿Pero todos?

320. Hay seis.
El cerebro de un hispanoparlante no procesa fácilmente las palabras terminadas en F, ya que no existen en castellano.

321. Edad.

322. La G y la U. Están en el centro del AGUA.

323. Nosequé = Cuadro.

324. El 58. ¿Cuál es el siguiente?

325. La letra e.

326. ALFILER. Las demás admiten un gentilicio:
Gimnasia sueca. Montaña rusa. Tortilla francesa. Tortura china. Ensaladilla rusa.

327. VIOLA.

328. La guía de teléfonos.

329. a) Verdadera. 5 x 4'20 + 2 = 21 + 2 = 23.
b) Verdadera. 5 x 8'40 + 2 = 42 + 2 = 44.
c) Verdadera. 10 x 6'60 + 4 = 66 + 4 = 70.

330. P. Es la línea superior de un teclado.

331. Sí. Uno de los frailes se llamaba "Cada cual".

332. Mujer catada: ... Mujer recatada: ...
Guerra sucia contra ... ¿Cómo será la guerra limpia contra...?
Rabón es un perro sin rabo.
Animal grande: Rata. Animal pequeño: Ratón.

334. La letra i.

335. La letra G. A partir de la Z se deja fuera una letra, luego dos, luego tres, etc.

336. La A. Está al final de la VIDA.

337. En el Grupo 1.
Sus letras están en la primera mitad del abecedario.

338. Tiene una fábrica de gomas de borrar.

339. Guadalajara: caracenses, Calatayud: bilbilitanos, Jaén: jienenses, Cabra: egabrenses, Huelva: onubenses, Ávila: abulenses, Moscú (hasta 1991): rojos.

340. La fobia al número 13.

341. La letra "c".

342. La C. Son la primera letra de cada uno de los dígitos del número π=3.14159265...

343. Nosequé = Corte.

344. E C A B D.

345.

<table>
<tr><td>A N G</td><td>E L</td></tr>
<tr><td>E L</td><td>I S A</td></tr>
<tr><td>M A</td><td>B E L</td></tr>
<tr><td>B E L</td><td>E N</td></tr>
</table>

346. La E. Es la primera de ENERO.

347. PARACAÍDAS.

348. Lope. Su contrario es antílope.

349. Recentísimo.

350. MESA. Los medios de transporte son: AVIÓN, BARCO, TROLEBÚS Y TELEFÉRICO.

351. XENÓN.

352. El bolígrafo y el papel.

353. Cervantes (en español): La letra V es la única cuya posición (23) es un número que empieza por ella misma. El número 5 es el único que tiene 5 letras.

Shakespeare (en inglés): La letra T es la única cuya posición (20) es un número que empieza por ella misma. El número 4 (four) es el único que tiene 4 letras.

354. La H. Todas las letras de la serie tienen las mitades superior e inferior iguales.

355. La letra o.

356.

> *Ratas de cloaca, de bigotes mojados,*
> *babosas henchidas, lagartijas saladas*
> *en la mesa de Hugo Trencacolls*
> *no encontrareis. Otro manjar mejor*
> *en abundancia os llenará el plato.*
> *Hugo ¡caray!, ¿es un puerco?*
> *No, es un señor.*

357. Si quita "TODAS LAS LETRAS INNECESARIAS", le queda "UNA ORACIÓN LÓGICA".

358. UNO, DOS.

359. SALGO. Planteado verbalmente a alguien, la respuesta que suele darse es: "entro".

360. La presunción errónea es que café significa "café líquido". Pero, si el pendiente cayó en una taza de café en grano, o en polvo, no es ningún milagro que siguiera seco.

Otra solución: Como también se le llama "café" al local en el que tomamos café, si se le cayó un pendiente en el café, podría ser al suelo.

361. Emeterio.

362. El número de letras de cada palabra se corresponde con cada una de las cifras del número pi.

363. *La mujer al butanero:* Métemela detrás de la puerta que luego mi marido me la meterá más adentro.

364. Pescado. Es el único de los cinco elementos que no se tiene que poner.

365. La letra u.

366. Es un palíndromo.

367. Malo - malísimo - una mierda.

368. La letra r.

369. Esta prenda es singular por arriba y plural por abajo.

370. Girando 180 grados la frase, podemos leer: "un pez nada en su sopa".

371. El pa-pagá-yo.

372. Pensar.

373. VELAS.

374. N y T. Son letras del abecedario que no contienen curvas.

375. La A y la D. Están en el centro de la LAVADORA.

376. La letra v.

377. Majadería.

378. ¡¡¡Zárágózá!!!

379. Le muestro otra larga serie:
Acera-cera, amiga-miga, ano-no, anotar-notar, antílope-Lope, antípoda-poda, anuncio-nuncio, asentir-sentir, atea-tea, bípedo-

pedo, contrabajo-bajo, contrariada-riada, contrario-río, destino-tino, destronar-tronar, desplazo-plazo, desplomo-plomo, difiero-fiero, dilapidar-lapidar, disloco-loco, dispensar-pensar, disputa-puta, antítesis-tesis, destaco-taco, disgusto-gusto, distinta-tinta, expresa-presa, extravía-vía incesto-cesto, incurro-curro, índice-dice, Inés-es, interesa-Teresa, remar-mar, retratar-tratar...

380. Delfín, león...

381. La tijera.

382.

R I C A R	D O
D O	M I N G O
L U	I S
I S	M A E L

Construya Vd. algunos acertijos similares utilizando algunos de los siguientes nombres:
ANDRÉS - SÁTUR - PEDRO - ELVIRA - GONZALO - ALBERTO - MARTA - TEÓFILO - CASTOR - NORBERTO - RUPERTA - SA-MUEL - ALFONSO - ESTEBAN - ELISA - ROBERTO - RAQUEL - RODRIGO - TOMÁS - TAMARA - FILOMENA - OROSIA - BE-NIGNO - SONSOLES.

383. PAN.

384. Griego.
La primera palabra contiene dos aes, la segunda dos bes, etc.

385. *"Un campesino tenía un perro y la madre. Del campesino era también el padre del perro".*
Solamente un campesino y tres perros.

386. Con 4 íes: Pitiminí, una clase de rosa.

Con 5 ies: Divisibilidad, dificilísimo...
Con 6 ies: Indivisibilidad...
Con 4 oes: Horroroso, ortodoxo, homólogo...
Con 5 oes: Odontólogo. Zolocotroco, que es la fuerte aspiración que hacen en la nariz los muchachos para que vuelva a internarse en ella el moco asonante.
Con 6 oes: Otorrinolaringólogo.
Con 7 oes: Odontoestomatológicos.

387. El verbo DIMITIR. Sin "últimamente", ABOLIR...

388. La letra A.

389. Le muestro otra larga serie:
Gato-gatillo, látigo-latiguillo, listo-listín, listo-listón, nudo-nudillo, ora-orilla, pardo-pardillo, pasta-pastilla, pesado-pesadilla, remo-remito, renco-rencilla, roda-rodilla, torno-tornillo, tranco-tranquillo, tres-tresillo, tromba-trombón, zancada-zancadilla. bomba-bombilla, bomba-bombín, bono-bonito, canto-cantón, casa-casilla, leo-león, lima-limón, pata-patilla, pera-perilla, rato-ratón...

390. ¡¡¡Mandeeeeeeeee!!!

391. Es esta: *"La diferencia entre Dios y el diablo está en las mujeres. Al diablo le gustan muy malas y adiós, muy buenas".*

392. Contiene todas las letras del alfabeto.

393. "To be or not to be, that is the question".

394. Cada palabra tiene una letra más que la anterior.

395. LOUNGER. Se convierte en LONGER.

396. Hay realmente tres respuestas correctas:
Care(s)(s). Prince(s)(s). Bra(s)(s).

397. Uncopyrightable.

398. SPRINTS.

399. BIG FACED.

400. Stretched.

SERIES REPRESENTATIVAS

a) Cada número corresponde a la cantidad de letras del número anterior: El UNO tiene 3 letras, el TRES tiene 4, etc.

b) Por orden alfabético, a continuación de cada letra va la primera que no tenga en su nombre ninguna letra en común con la anterior.

c) El primer número es el más bajo con tres letras, el segundo es el más bajo con cuatro, el tercero es el más bajo con cinco y así sucesivamente.

d) Son los números más pequeños que en cada caso requieren, para ser nombrados, una palabra, dos palabras, tres palabras, etc.

e) El número de letras de: primero, segundo, tercero, cuarto, quinto, sexto, séptimo, octavo, noveno, décimo, ...

NO PERTENECE

a) Hermoso. Las otras no son sustantivos.

b) Telégrafo. Las otras aumentan. También LUPA sin prefijo tele o micro.

c) Sierra. Las demás son para unir.

d) Flor. Las otras son obras humanas.

e) Automóvil. Los otros son animales.

f) Ordenanza. Nada que ver con la escritura.

g) Serpiente. Todos los demás tienen patas.

h) Manzana. Las demás son verduras.

i) Plátano. Es el único que hay que pelar antes de comerlo.

SINÓNIMOS

a) CANTO.   b) EMPEÑO.   c) EMPLEO.
d) ALCE.   e) ACABADO.   f) REPARO.
g) OBRA.   h) ESTUDIO.   i) CASCADA.
j) PICO.   k) MERO.   l) MICA.
m) BOTE.   n) SINIESTRA.   o) ESPADA.
p) MATA.   q) LUZ.   r) BURDEOS.
s) BANCO.   t) VELA.   u) LUNA.
v) CARO.   w) PARCO.   x) HOGAR.
y) BOTE.   z) MICA.

PALABRA QUE SOBRA

a)   Prisa. La única que tiene dos vocales y tres consonantes.

b)   Feliz. Es la única que no **es** sustantivo.

c)   Trineo. No tiene ruedas.

d)   Mesa. A todas las demás se le puede anteponer el prefijo "Aero".

e)   Editor. En todas las demás palabras, las dos primeras letras son consecutivas en el alfabeto; en "editor" se hallan en orden inverso.

f)   Portal. Es la única aguda.

g)   Águila. En todas las demás la primera y la última letras son consecutivas en el alfabeto; en águila son iguales.

h)   Violín. Las otras son: padre, madre y abuelo.

i)   Parco. Todas las demás están formadas por las letras de la palabra IMPRESA.

j)   Neruda. Todos los demás son poetas europeos.

k)   Quebec. Está mucho más al norte que todas las demás que están a la misma latitud.

l)   Araña. Tiene ocho patas, las demás seis.

m)   Existo. Todos son nombres de varón si quitamos la primera letra, excepto ese.

n)   Rengo. Si a las otras le añadimos una T quedan tres palabras relacionadas con una misma idea: tres, trío y tríada.

ANEXO I: FRASES ESCOGIDAS

Solemos citar a diario "frases famosas" sin saber muchas veces quién ha sido el verdadero autor de las mismas.
Sacar una frase de contexto puede desvirtuar su significado. De la misma manera, una frase puede no significar lo mismo dependiendo de quien la pronuncie.

¡Abajo las drogas! (Los del sótano)

Vayamos por partes. (Jack el Destripador)

Mi mujer tiene un físico bárbaro. (Einstein).

Nunca pude estudiar derecho. (El Jorobado de Notre Dame)

A mí lo que me revienta son los camiones. (Un sapo)

Si hay algo que me revienta, son los alfileres. (Un globo)

¡Me las pagarás! (Fondo Monetario Internacional)

Hay que tener olfato para los negocios. (Paco Rabanne)

Todos mis hijos tienen apellido distinto. (Carlos Distinto)

Yo firmo autógrafos en pelotas. (Un jugador de fútbol)

Tengo un pasado muy negro. (Michael Jackson)

No todas las despedidas son tristes. (Un empresario)

Que me quiten lo bailao. (Antonio el Bailarín)

Hemos batido al enemigo. (Moulinex)

No al paro. (Un cardíaco)

La humanidad me gusta cada día más. (Un caníbal)

Yo sí que me mato trabajando. (Un kamikaze)

No desees a la mujer de tu prójimo. (Tu prójimo)

Es mejor dar que recibir. (Un boxeador)

Me estáis haciendo la Pascua. (Cristo mientras le torturaban)

Vayamos al grano. (Un dermatólogo)

Siempre quise ser el primero. (Juan Pablo II)

¡Santa María! ¡Qué pinta tiene la niña! (Cristóbal Colón)

Las horas se me pasan volando. (Un piloto de avión)

Nuestra madre es una loba. (Rómulo y Remo)

El coche nunca reemplazará al caballo. (Una yegua)

Yo empecé comiéndome las uñas. (La Venus de Milo)

La leche engorda. (Una embarazada)

¡No más derramamiento de sangre! (Tampax)

Apoyo la liberación femenina. (Una mujer encarcelada)

¡Muera Michelín! (Un sapo)

No veo un pijo. (Una monja)

Los reyes son los padres. (El Príncipe Felipe)

Creo en la reencarnación. (Una uña)

¡Mamá, lo sé todo! (El pequeño Larousse Ilustrado)

Mi novio es una bestia. (La bella)

Seamos claros. (Un albino)

Me echaron un polvo que casi me mata. (Una cucaracha)

Voy y vuelvo enseguida. (Un boomerang)

No temáis, es sólo una nube pasajera. (Noé)

Todos los hombres son iguales. (Eva)

Levantaré a los caídos y oprimiré a los grandes. (El sujetador)

Mi novia tiene las tetas de hierro. (Mazinger Z)

Nadie es perfecto. (Nadie)

Mi marido se va siempre por las ramas. (La esposa de Tarzán)

No a la donación de órganos. (Yamaha)

Me encanta ir a la escuela. (Un piojo)

Estoy encinta. (Scotch)

Mi mamá es una arrastrada. (Una culebra)

Estoy cansada de coser botones. (La madre de Superman)

Tengo un corazón de piedra. (Una estatua)

Arriba los corazones. (Los caníbales del ático)

Tengo los nervios de acero. (Robocop)

Al fin solo. (El llanero solitario)

¡Basta ya de mentiras! (Pinocho)

Volveremos y seremos millones. (Los mosquitos)

El hombre desciende del mono. (Chita)

Convencer a la Reina me costó un huevo. (Cristóbal Colón)

No hay que perder la cabeza. (María Antonieta)

A mi no me ensucias dos veces. (Un pañal desechable)

Me enferma la gente que no da la cara. (Anónimo)

La gallina es un animal muy peligroso. (Una lombriz)

¡No a la masturbación! (Un espermatozoide)

Hasta el mes que viene, amor mío. (Drácula)

Lo tengo en la punta de la lengua. (M. Lewinsky)

Yo aspiro mucho en la vida (Un asmático)

Soy imbatible. (El huevo duro)

Lo importante es lo de dentro. (Jack el Destripador)

Estoy lleno de problemas. (Un libro de matemáticas)

Mi mamá me mima. (Un mimo)

Tengo un lomo bárbaro. (Un cocinero)

Aquí el que no corre, vuela. (Un terrorista)

El día que gobernemos, todos temblarán. (Un epiléptico)

ANEXO II: SACANDO PUNTA

Preguntas curiosas, a veces estúpidas, que suelen dar que pensar. La mayor parte de ellas le sacan punta al lenguaje cotidiano. Algunas le sacarán a flote esa sonrisa que puede Vd. tener escondida.

Se incluyen algunas que aparecieron, hace años, en el suplemento "El País de las Tentaciones".

¿Por qué siempre "fallan" los jueces al emitir un veredicto?

¿Por qué cuando nos reímos usamos solamente vocales? Pruebe a reírse con consonantes y lo entenderá.

¿Por qué las prostitutas son mujeres de vida fácil?

Hacer feliz a una mujer está bien visto. ¿Por qué hacer feliz a muchas, no?

Si siempre está al aire libre, ¿por qué se llama cubierta a la cubierta de los barcos?

¿Por qué cuando una cosa es buena se dice que es cojonuda y cuando es mala se dice que es un coñazo?

¿Por qué a la cama se le llama cama y a la cómoda cómoda siendo la cama mucho más cómoda que la cómoda?

¿Por qué en una discusión cuando una persona tiene la razón hay que dársela? Si ya la tiene. En tal caso habría que dársela cuando no la tenga.

Injusticia: Si un hombre se detiene en una acera y mira a una mujer que se desnuda junto a la ventana es considerado un mirón. ¿Por qué si un hombre se desnuda en una ventana y una mujer le mira desde la acera es considerado un exhibicionista?

Otra injusticia: Sócrates, por decir: "Yo sólo sé que no sé nada", pasó a la posteridad. ¿Por qué mi sobrino, por decir lo mismo en el colegio, tuvo que repetir curso?

¿Por qué "abreviatura" es una palabra tan larga?

¿Por qué al calor se le llama buen tiempo y al frío mal tiempo?

¿Por qué todo junto se escribe separado y separado se escribe todo junto?

Si cárcel y prisión son sinónimos, ¿por qué no lo son carcelero y prisionero?

Si una palabra estuviese mal escrita en el diccionario, ¿cómo lo sabríamos?

Si ordinario es sinónimo de vulgar, ¿por qué extraordinario no significa muy vulgar?

Si el aumentativo de rabo es rabón, ¿por qué a un perro que no tiene rabo se le llama rabón?

¿Por qué tenemos ojos de gallo en los pies y patas de gallo en los ojos? ¿Qué peculariedad tiene los gallos para jorobarnos de esta manera?

¿Por qué a los que ponen inyecciones se les llama practicantes?

¿Por qué los teléfonos son móviles y los ordenadores portátiles?

Si la juguetería vende juguetes, ¿por qué la ferretería no vende ferretes?

Si en vida fueras masoquista, ¿no sería una recompensa ir al infierno y un castigo ir al cielo?

¿Por qué si uno habla con Dios, la gente piensa que es espiritual, pero si Dios habla con uno, la gente piensa que estás loco?

¿Por qué casi todos los mayordomos se suelen llamar Bautista o Fermín? ¿Acaso una persona con otro nombre no valdría para mayordomo?

¿Por qué se dice "el orden de los factores no altera el producto", cuando en realidad al pronunciar esta frase están los factores en desorden?

¿Por qué arrancamos el coche si no está plantado?

¿Por qué la niebla se agrupa o reúne en bancos?

¿Por qué si sólo acompañan hasta la butaca los llamamos acomodadores?

¿Por qué se dice "me engañaron como a un chino", cuando en realidad a los chinos es casi imposible engañarles? Los comerciantes chinos son conocidos por su agudeza.

¿Por qué en una fiesta de barra libre lo único que nunca está libre es la barra?

¿Por qué se llama ambulatorios a los de la Seguridad Social si no se mueven del sitio?

¿Por qué las letras del abecedario, en los teclados, están todas desordenadas?

Se dice que sólo diez personas en todo el mundo entendían a Einstein. ¿Si nadie me entiende a mí, soy un genio?

¿Por qué se dice meter los zapatos en la horma, lo que es tan imposible como meter el horno en el pan?

¿Por qué se dice hemos cogido tal enfermedad, cuando en realidad es ella la que nos coge a nosotros?

Cuando una persona ayuda a un criminal antes de cometer un crimen, la llamamos cómplice. ¿Por qué, si la ayuda es después de haberlo cometido, la llamamos ABOGADO?

¿Por qué se dice "como un piano de grande", cuando en realidad los pianos no son tan grandes?

¿Por qué se dice "el penalti ha sido como la copa de un pino", si los pinos no tienen nada que ver con el fútbol?

¿Por qué el tiempo corre y vuela pero no nada?

¿Por qué sujetador es singular y bragas es plural?

¿Por qué picha es femenino y coño es masculino?

¿Por qué existe el medio ambiente y no el ambiente entero?

¿Por qué las personas son físicas y no químicas?

¿Por qué se odia tanto a las comparaciones?

¿Por qué cuando nos vamos a dormir nos metemos en el cuarto y no en el quinto?

Si los vegetarianos comen vegetales, ¿qué comen los humanitarios?

¿Por qué se suele decir lleno a rebosar? ¿Cómo será lleno sin rebosar?

Si estar malherido es estar herido gravemente, ¿qué será estar bienherido?

Un perro lobo es el cruce de un perro con una loba o viceversa. Un oso hormiguero, ¿es consecuencia de aparear una hormiga con un oso?

Cuando varias personas caminan una detrás de otra, ¿por qué se dice que van en fila india? ¿Acaso los indios iban siempre así?

¿Por qué para hacer nuestras necesidades nos metemos en el baño y no en el neceser?

Si hay más allá, ¿hay menos aquí?

Cuando una película está doblada, ¿sólo se ve la mitad?

Cuando se hace referencia a que alguien corre mucho, ¿por qué se dice que corre como una gacela? ¿No sería mejor decir que corre como un guepardo? ¿Acaso corren las gacelas más que los guepardos?

El tiro de gracia, ¿dónde tiene la gracia?

¿Por qué a la palabra amigo se le suelen poner los adjetivos: buen amigo o mal amigo?

En muchas ocasiones se ha optado por militarizar a los civiles, pero ¿se ha intentado alguna vez civilizar a los militares? (Pregunta de un insumiso)

¿Por qué al tiro directo en el fútbol le llaman golpe franco?

¿Por qué se llama a la pelota "pelota" y a la bota "bota" si lo que bota es la "pelota" y no la "bota"?

¿Por qué el producto interior es bruto?

¿Por qué se dice está más loco que una regadera? ¿Acaso las regaderas están locas?

¿Por qué las situaciones son críticas y no ensayos?

¿Por qué salimos a estirar las piernas si al volver nunca han crecido?

¿Por qué cuando una persona está desnuda se dice que "está en paños menores"? ¿Acaso desnuda lleva algún paño encima?

¿Qué tiene de divertido el hueso de la risa?

¿Por qué el mundo es un pañuelo?

¿Por qué el resultado salta a la vista?

¿Por qué erre que erre y no ese que ese o jota que jota?

¿Por qué significa lo mismo tener mucha cara que ser un descarado?

¿Por qué se llama "pleno del Congreso" si suele estar vacío?

¿Por qué siempre mientras unos parten la pana otros cortan el bacalao?

¿Por qué nos comemos "la olla" y no lo que hay dentro?

¿Por qué dormimos como troncos?

¿Por qué se llora como una magdalena y no como un bizcocho o una rosquilla?

¿Por qué con los bomberos se forma un cuerpo y con los futbolistas sólo se puede hacer una plantilla?

¿Por qué si el saber no ocupa lugar lo primero que necesitamos para ir al colegio es una cartera?

¿Por qué después de desatarse una tormenta nunca se encuentra la cuerda?

¿Por qué se llama pretérito imperfecto si es tan perfecto como los demás?

¿Por qué nadie quiere pagar el pato?

¿Por qué el círculo es vicioso?

¿Por qué en la guantera del coche se puede encontrar cualquier cosa menos guantes?

Si el Muro de Berlín no hablaba, ¿por qué cayó?

Cuando alguien se pone a correr a toda velocidad dando vueltas sin ningún motivo, decimos que esta loco. ¿Por qué cuando lo hacen los planetas decimos que orbitan?

Los sentimientos pueden ser buenos o malos. ¿Por qué se dice en sentido peyorativo que una persona no tiene sentimientos?

Los lenguados, ¿tienen lengua?

¿Por qué hay colores chillones?

¿Por qué se dice "pienso, luego existo", si muchísima gente existe y no es capaz de pensar?

¿Por qué "pelamos la pava" y no al pavo u otra ave del corral?

¿Por qué la alerta es roja?

¿Por qué decimos "hacer tiempo" cuando en realidad lo estamos gastando?

¿Por qué hay quien vive en el quinto pino, se sube a la parra, no vale un pepino, se pone como un tomate, se va a freír espárragos y no es ecologista?

¿Por qué el motor de un coche se gripa y, sin embargo, no se acatarra?

¿Por qué nos hacemos los suecos y no los franceses o los alemanes?

¿Por qué se dice a veces "se lo enseñaremos a Vds. con pelos y señales", si luego cuando nos lo enseñan no aparece ninguna de las dos cosas?

¿Por qué la duda ofende y las apariencias engañan?

¿Por qué se llama Banca Privada si no se priva de nada?

¿Por qué se dice "hacer el primo" y no el sobrino, el abuelo...?

¿Por qué se dice a veces "se lo enseñaremos a Vds. con todo lujo de detalles", si luego cuando nos lo enseñan no aparece el lujo por ninguna parte?

¿Por qué se dice "mantenerse en sus trece" y no en sus catorce, en sus treinta, etc.?

¿Por qué se dice "hacer el agosto" y no el mayo, el octubre...?

Al que no tiene razón y cede se le suele llamar "educado". ¿Por qué al que tiene razón y cede se le llama "casado"?

¿Por qué siempre se tiene "la mosca detrás de la oreja" y no en otro sitio del cuerpo?

¿Por qué se dice "aquí hay gato encerrado" y no perro, gallina, caballo, etc.?

¿Por qué una foto se estropea cuando se vela y no cuando se revela?

¿Por qué se dice "que te den morcilla" y no chorizo, jamón, alubias, etc.?

¿Por qué se dice "matar el gusanillo" y no el gatillo, perrillo, cochinillo, etc.?

¿Por qué se dice "vete a freír espárragos" y no patatas, chorizos, filetes, etc.?

¿Por qué cuando se habla mal de alguien se dice que le están poniendo "verde" y no azul, rosa, violeta, etc.?

¿Por qué se dice "te metes en cada berenjenal" y no en cada platanal, lechugal, repollal, etc.?

¿Por qué llaman "magnífico paisaje universal" a un poco de nieve helada y hielo cubriendo la ciudad?

¿Por qué cuando llueve mucho, se dice que cae un "agua-cero"?

¿Por qué a los muertos en las guerras se les llama "bajas"?

¿Por qué se dice "voy a romper una lanza...", si la persona que lo dice nunca tiene la lanza?

¿Por qué "chatear" es ahora hablar por Internet, cuando siempre ha sido ir de vinos?

¿Por qué a la chaqueta se le llama "americana" y no africana, europea, etc.?

¿Por qué a los presos se les llama internos? ¿Existen presos que sean externos?

¿Por qué se dice "hizo su agosto vendiendo camisas", si vendió las camisas en abril?

¿Por qué se dice "franquear esta carta" y no se dice "juancalear esta carta"?

¿Por qué donde menos se piensa siempre salta la liebre y no salta otro animal?

¿Por qué se dice "se salvó por los pelos" y no se dice se salvó por las orejas, los dedos, las uñas, etc.?

¿Por qué abreviatura es una palabra tan larga?

¿Por qué pasamos una noche toledana si estuvimos en Logroño, Zaragoza, Sevilla...?

¿Por qué espermatozoide, que no se ve, necesita casi todas las letras del alfabeto?

¿Por qué 'más breve' es más largo que 'breve'?

¿Por qué un músculo de mierda como el esternocleidomastoideo tiene un nombre tan largo?

¿Por qué "larga" es una palabra tan corta?

¿Por qué se dice "estamos en la recta final del partido" y no se dice "estamos en la curva final del partido"?

¿Por qué se les llama funcionarios si casi nunca funcionan correctamente?

¿Por qué los agujeros negros son negros? Si nadie los ve.

¿Por qué nos sacan de quicio cuando no hemos entrado en ningún sitio?

¿Por qué compramos en cómodos plazos si luego nos incomoda pagarlos?

¿Por qué sólo nos dan el parte meteorológico y no todo?

¿Cómo es posible que algunos artistas se puedan meter al público en el bolsillo?

¿Por qué cuando el teléfono comunica es cuando precisamente no permite comunicar nada?

¿Por qué hay que llegar hasta el dieciséis para que los nombres de los números se hagan "compuestos"? ¿Por qué no decir dieciuno, diecidos, diecitres, diecicuatro y diecicinco, en lugar de once, doce, trece, catorce y quince?

¿Por qué a un individuo que persigue la policía se le llama "sujeto", si no para de moverse?

¿Por qué se denomina "sexo oral" a la practica sexual en la que menos se puede hablar?

¿Por qué decimos ciudadano medio y no ciudadano entero?

¿Por qué después del parto siempre se dice que ha dado a luz un precioso niño o una preciosa niña, si los niños recién nacidos son horrorosos?

¿Por qué en los aeropuertos para coger el avión hay que embarcar?

¿Por qué se dice "la capilla ardiente"? ¿Qué es lo que arde en estas capillas?

¿Por qué la procesión va por dentro?

¿Por qué todos los años hay una canción del verano y no de otra estación?

¿Por qué siempre se compran los derechos de algo y no los izquierdos?

¿Por qué al que se fuga se le llama prófugo?

El Imperio Romano, ¿cayó o lo tiraron?

¿Por qué "conviene ser franco", si era un señor gordo, bajito y dictador?

¿Por qué se dice "estar en coma" cuando se está en puntos suspensivos?

¿Por qué llamamos "collarín" a algo que es mucho más aparatoso que un collar?

¿Por qué en el "Barrio Chino" de la ciudad, no viven chinos?

Si contamos los días, ¿por qué no los ordenamos alfabéticamente.

¿Por qué de alguien que está muy bien colocado se dice que "está en la cresta de la ola" con lo incómodo que debe ser eso?

¿Por qué el precio del suelo está por las nubes?

¿Por qué siempre me mandan con la música a otra parte si no sé ni tocar la botella de anís?

¿Por qué en la Seguridad Social sellan volantes y no tapacubos o juntas de la trócola?

¿Por qué a la ropa interior, que suele ser la que canta, se le llama "muda"?

¿Por qué consultamos con la almohada si nunca nos contesta?

¿Por qué cuando vamos a alquilar o a vender un piso la razón siempre la tiene el portero?

¿Por qué se llama firmamento al sitio donde nadie va a firmar?

Las altas horas de la noche, ¿cuánto miden?

¿Por qué para estar presentables nos ponemos zapatos tan incómodos?

¿Por qué los relojes tienen manecillas y no tienen piececillos?

¿Por qué debemos quitarle hierro al asunto?

El fruto del trabajo, ¿a qué árbol pertenece?

¿Dónde está la otra mitad del Medio Oriente?

¿Por qué se "rinden" las cuentas?

¿Por qué a los coches se les llama turismos si siempre los usamos para ir a trabajar?

¿De qué tamaño es el ombligo del Cuerpo de Bomberos?

La palabra "sinónimo", ¿tiene algún sinónimo?

Si el amor es ciego, ¿por qué la lencería es tan popular?

¿Por qué las ideas se meten entre ceja y ceja y no entre hombro y hombro que hay más sitio?

¿Por qué es difícil de recordar la palabra "mnemotécnica"?

¿Por qué llamamos 'bebida' a la bebida, incluso antes de beberla?

La Tierra es redonda y la llamamos planeta. Si fuese plana, ¿la llamaríamos redondeta?

Si los caballos sufren la peste equina y los cerdos la peste porcina, ¿por qué el hombre sufre enfermedades patológicas?

Cuando a uno lo sacan de sus casillas, ¿adónde va?

¿Por qué existe el nombre propio femenino María de la O y no María de la A, María de la E, María de la I y María de la U?

¿Por qué hay anuncios que ofrecen pisos sin entrada?

¿Por qué los últimos serán los primeros?

¿Cuál es el plural de fetén?

A veces oímos decir "... durante largas décadas". Las décadas, ¿no son todas iguales?

¿Por qué el matrimonio se contrae igual que las enfermedades y las deudas?

¿Por qué hay días hábiles?

Cuando estamos en un callejón sin salida, ¿por qué no salimos por la entrada?

¿Por qué en los teclados los signos de interrogación: "¿" y "?" están cambiados de lugar?

Si hay Primer y Tercer Mundo, ¿por qué nadie sabe dónde está el Segundo?

¿Por qué los ordenadores tienen menú si no comen?

¿Por qué a los ociosos no se les consideran asesinos si matan el tiempo?

¿Por qué se llama planta baja al piso de abajo si allí no crece ningún vegetal?

¿Por qué si la madre es tierra, el padre no es ni tierra, ni mar, ni aire?

¿Por qué la veteranía es un grado y no un centímetro o un segundo?

¿Por qué si en mayo tenemos el Programa Padre, el Día de la Madre y el Gran Hermano; seguimos llamándole el mes de las flores y no el del familión?

¿Por qué "se agotan" a veces los libros?

¿Por qué el horno no está para bollos?

¿Por qué al número de personas que ve la televisión se le llama índice de audiencia y no de "videncia"?

¿Por qué si somos todos iguales ante la ley hay juzgados de primera y de segunda?

Si las legumbres son tan buenas, ¿por qué las lentejas se pegan?

¿Por qué la suerte está siempre echada?

¿Por qué cuando ocurre un crimen, lo primero que busca la policía es el "móvil?

¿Por qué el Gobierno toma las medidas por "paquetes"?

¿Por qué se le llama "crudo" al petróleo cuando nos trae a todos fritos?

¿Los infantes disfrutan de la infancia tanto como los adultos del adulterio?

Cuando una mujer está encinta, ¿también está en CD?

¿Por qué los marcapasos se llevan en el corazón y no en las piernas?

¿Por qué hay gente que se cuelga del teléfono?

¿Por qué a veces la moral está por las nubes?

¿Por qué los periodistas cubren las noticias si su deber es divulgarlas?

¿Por qué hay cosas que saltan a la vista?

¿Por qué hay imágenes que hablan por sí solas?

¿Por qué las espadas siempre están en todo lo alto?

¿Alguna vez alguien ha sido arrestado por matar el tiempo?

¿Por qué las cortinas se corren sin llegar al orgasmo?

¿Si las llamadas de larga distancia son caras entonces por qué no se le ven los ojitos?

¿Por qué no detienen a los que infringen la ley de la gravedad?

¿Por qué el acta se levanta?

¿Por qué la tónica es siempre "general"?

¿Por qué si el crimen es organizado, no forman un sindicato?

¿Por qué si dos caminos se cruzan, no salen caminitos?

¿Por qué se llama "parada militar" si todos desfilan?

¿Por qué operan las compañías telefónicas si no son cirujanos?

¿Por qué nos "embargan" las penas?

¿Por qué nos pasan la minuta si nos cobran por horas o días?

¿Por qué al asfalto de la carretera se le llama "el firme" con la cantidad de baches que hay?

¿Por qué decimos "estás más loco que una cabra", si las locas son las vacas?

¿Por qué un cóctel molotov no es una bebida?

¿Por qué se dice "chuletillas de cordero"? ¿No sería más correcto decir "chuletas de corderillo"?

¿Por qué los letreros rezan?

¿Qué es un autosuicidio?

¿Por qué las desgracias nunca vienen solas?

¿Por qué perder el juicio es volverse loco?

¿Por qué uno se cae redondo y no cuadrado?

¿Por qué la Iglesia tiene doctores si no es un hospital?

¿Por qué nos quedamos de piedra y no de cemento, mármol...?

¿Por qué para comprar un piso damos la entrada si no es un espectáculo?

Si el trabajo es salud, ¿por qué casi siempre estoy de baja?

¿Por qué tiramos los tejos cuando nos enamoramos?

¿Por qué las ciruelas negras son rojas cuando están verdes?

¿Por qué en los partidos de fútbol los minutos de 'descuento' son realmente minutos añadidos?

¿Por qué las bromas se gastan?

¿Por qué hay cuentos chinos?

¿Por qué los barcos atracan en puertos y no en bancos?

¿Por qué damos la hora, si no es nuestra?

¿Por qué nos tomamos la justicia con la mano?

¿Por qué nos echamos a temblar y no temblamos de pie o sentados?

¿El Ave María pone huevos?

¿Por qué la fe mueve montañas?

Cuando a un fotógrafo se le acaba el rollo, ¿se queda callado?

Si el avión viene demorado, ¿de qué color viene el piloto?

Si los derechos son reservados, ¿qué pasa con los zurdos?

Si decimos setecientos y novecientos, ¿por qué no decimos setemil y novemil?

¿La carne de cañón se come?

¿Por qué si la tierra siempre gira, nunca se marea?

¿Por qué si el tiempo vuela, no le vemos las alas?

¿Por qué es posible "ponerse las botas" sin tener botas?

¿Por qué en "el día del trabajo" nadie trabaja?

Juan Palomo, ¿está todo el día guisando y comiendo?

¿Cuánto debería medir "El Estrecho de Gibraltar" para poder llegar a llamarse "El Ancho de Gibraltar"?

¿Por qué se dice "canta como los ángeles", si a los ángeles nadie los ha oído cantar?

Si en una discoteca hay discos, en una librería hay libros, ¿por qué en una pinacoteca no hay pinos?

Si luchamos por la paz, ¿por qué no podemos joder por la virginidad?

¿Por qué no ejecutan a los malos compositores?

Un cacahuete flotando en una piscina, ¿es un fruto seco?

¿Por qué los inodoros, siendo inodoros, huelen tan mal?

¿Cómo es que existen años que se pasan volando cuando hay horas que se hacen eternas?

¿Por qué decimos daños a terceros si sólo somos dos?

¿Si el vino es líquido, cómo puede ser seco?

Si un homicidio es matar a un hombre, ¿un suicidio es matar a un suizo?

Si la estufa tiene piloto, ¿donde esta el avión?

Si el tabaco mata, ¿por qué no lo detiene la policía?

Si existe reprimir, imprimir, exprimir, suprimir... ¿qué narices será "primir"?

ANEXO III: HABLAMOS MAL

Recopilación de algunas palabras o frases mal dichas por confusión o por desconocimiento.

La falda tiene una obertura detrás. ABERTURA.

Es que nadan en la ambulancia. ABUNDANCIA.

A mi marido le gusta ir muy alicatado. ACICALADO.

Por favor, endereza tú la ensalada. ADEREZA.

Me vine en taxi desde el aereopuerto. AEROPUERTO.

Me tomé un plato de almóndigas. ALBÓNDIGAS.

Ahora no hay baches, está enfaltada. ASFALTADA.

Es un sistema de riego por aspresión. ASPERSIÓN.

La discoteca estaba apestada de gente. ATESTADA.

Se puso hecha un obelisco. BASILISCO.

Esta película es malísima, es un brodio. BODRIO.

En el corazón le instalaron un pai-pai. BY-PASS.

Me comí una bolsa de alcagüeses. CACAHUETES.

Debes mirar el candelario. CALENDARIO.

Estoy tomando cláusulas para la tos. CÁPSULAS.

Se me pone la cara de gallina. CARNE.

Pararon la obra cautelosamente. CAUTELARMENTE.

Voy a colocar una fenefa preciosa. CENEFA.

Voy al médico, a hacerme un cacheo. CHEQUEO.

Lo utilizaron como cabecilla de Indias. CONEJILLO.

Lo dije con consentimiento de causa. CONOCIMIENTO.

Un tinto con las concebidas gambas. CONSABIDAS.

Va al observatorio de música. CONSERVATORIO.

Eso es harina de otro cantar. COSTAL.

¡Marchando una ración de cocretas! CROQUETAS.

Contra más feo, más hermoso. CUANTO.

Yo, por si acaso, me cubro en salud. CURO.

Cambia los colores porque es dalmático. DALTÓNICO.

Es fabuloso, un desecho de virtudes. DECHADO.

Por una diferencia los invité a cenar. DEFERENCIA.

Nació con una deformidad en los pies. DEFORMACIÓN.

Voy a comprar pasta dentrífica. DENTÍFRICA.

Tiene los huesos descalificados. DESCALCIFICADOS.

Al morir su padre se quedó desvalijada. DESVALIDA.

Estuvo rebanándose los sesos. DEVANÁNDOSE.

No puedo tomar azúcar, tengo diabetis. DIABETES.

Firmó con las huellas genitales. DIGITALES.

Se despidió sin más dilatación. DILACIÓN.

Según llovía parecía el Danubio Universal. DILUVIO.

Son caros porque son muy diminutivos. DIMINUTOS.

Tomaremos medidas gástricas. DRÁSTICAS.

Será niño, lo he visto en la ecología. ECOGRAFÍA.

Tendré que poner el endredón en la cama. EDREDÓN.

La aspirina fluorescente es mejor. EFERVESCENTE.

Quiero un kilo de queso semental. EMMENTAL.

Ya es tarde para remendar el error. ENMENDAR.

Tapó la herida con un esparatrapo. ESPARADRAPO.

María no puede tener hijos, es esméril. ESTÉRIL.

Tiene una figura muy esterilizada. ESTILIZADA.

En esta cola se enternece uno. ETERNIZA.

Tras el esfuerzo se quedó extasiada. EXHAUSTA.

No tuvo el respaldarazo del ministro. ESPALDARAZO.

Se equivocó por falta de ignorancia. EXPERIENCIA.

Era un asunto muy escarpado. ESPINOSO.

Explicaba mal, no era nada expeditivo. EXPLÍCITO.

Lo había preparado ex proceso para él. EX PROFESO.

Lo digo en sentido figurativo. FIGURADO.

Compré una mesa de fornica blanca. FORMICA.

Hablando con franquedad, no me gusta. FRANQUEZA.

Me quede fumigada del susto. FULMINADA.

Reparte periódicos con una frugoneta. FURGONETA.

Dile a tu hermano Grabiel que venga. GABRIEL.

Estos son los gases del oficio. GAJES.

Me gusta mi árbol ginecológico. GENEALÓGICO.

Quiero una docena de gradiolos. GLADIOLOS.

Carlos tiene su propia idiosincracia. IDIOSINCRASIA.

Dejó la cocina reluciente, implacable. IMPECABLE.

No tienen hijos porque él es imponente. IMPOTENTE.

Actuaba de forma subconsciente. INCONSCIENTE.

Se le ha infestado la herida. INFECTADO.

Estaba infectada de cucarachas. INFESTADA.

El toro profirió una herida al torero. INFLIGIÓ.

Quiero infundarte ánimos. INFUNDIRTE.

Es un reloj de acero inexorable. INOXIDABLE.

Se ve mal por las transferencias. INTERFERENCIAS.

Le pusieron una indición. INYECCIÓN.

En Irán aún dilapidan a las mujeres. LAPIDAN.

Llegó a la ciudad en olor de multitudes. LOOR.

De postre una ceremonia de frutas. MACEDONIA.

Le tocó la lotería y vive como un majara. MAHARAJÁ.

Su lengua matriz es el castellano. MATERNA.

Me gusta la bayonesa. MAHONESA O MAYONESA.

Barata porque la maniobra la hago yo. MANO DE OBRA.

No lo sé, ni falta que me importa. ME HACE.

Quiero una mesa de melanina. MELAMINA.

Aquí pondré la mesa de metraquilato. METACRILATO.

Vaya lluvia de motoritos. METEORITOS.

El cólico frenético duele muchísimo. NEFRÍTICO.

Perdió la concepción (loción) del tiempo. NOCIÓN.

Se casó en segundas nuncias. NUPCIAS.

Paco es muy ostentóreo. OSTENTOSO, ESTENTÓREO.

Esa lista se puede hacer en un planfeto. PANFLETO.

Me compré un pareado a juego con la camisa. PAREO.

Está derecho desde mi prespectiva. PERSPECTIVA.

Pero, ¡qué dices!, me dejas de una piedra. PIEZA.

Sácame una foto para la postreridad. POSTERIDAD.

La gripe le dejó empotrao en la cama. POSTRADO.

Es todavía premeditao. PRECIPITADO. PREMATURO.

Lo dijo un testigo presidencial. PRESENCIAL.

Sí, pero no quiero prevalecerme de ello. PREVALERME.

En el pograma hay poblemas. PROGRAMA, PROBLEMAS.

Hablaré con el poprietario del piso. PROPIETARIO.

Te voy a hacer una preposición. PROPOSICIÓN.

Los niños irrumpieron en aplausos. PRORRUMPIERON.

En el barrio hay muchas prostiputas. PROSTITUTAS.

Soy muy psicópata hablando con la gente. PSICÓLOGA.

Menudo susto, se me ponen los pelos de gallina. PUNTA.

Hoy habrá algunas garrafas de viento. RÁFAGAS.

No es para rascarse las vestiduras. RASGARSE.

Me compré unas gafas de sol Rembrandt. RAY BAN.

Volvió del viaje refollante de salud. REBOSANTE.

Atracaron con una escopeta recortable. RECORTADA.

Es un sitio con muchos regocijos. RECOVECOS.

Me hicieron una redundancia magnética. RESONANCIA.

Lo dijo con mucho rintintín. RETINTÍN.

Los dóberman son muy sanguíneos. SANGUINARIOS.

Tras el accidente no le quedaron espuelas. SECUELAS.

Hago una vida muy sedimentaria. SEDENTARIA.

Le dio un simposium. SÍNCOPE, SOPONCIO.

Yo, sin en cambio, prefiero eso. SIN EMBARGO.

He leído una sipnosis de la película. SINOPSIS.

Se droga y morirá de una doble dosis. SOBREDOSIS.

Uno, tres y así sustantivamente. SUCESIVAMENTE.

Una viga de sujetación. SUSTENTACIÓN.

No tragiverses las cosas. TERGIVERSES.

Le pusieron la inyección del tuétano. TÉTANOS.

Por turticulis no puedo mover el cuello. TORTÍCOLIS.

Me encantan los espárragos tigreros. TRIGUEROS.

Es otro día cayó una buena trompa de agua. TROMBA.

Se murió de una tromposis. TROMBOSIS.

Fue elegido por una nimiedad. UNANIMIDAD.

El niño ya ha soltado el cordón dominical. UMBILICAL.

Los ventrículos hablan con la tripa. VENTRÍLOCUOS.

Montó en el amoto y se llevó el arradio. MOTO, RADIO.

Yo, sin en cambio, nada. SIN EMBARGO, EN CAMBIO.

ANEXO IV: DIÁLOGOS ESCOGIDOS

Historias, contestaciones al pie de la letra, diálogos... que tienen relación con equívocos, ambigüedades, dobles sentidos, segundas intenciones, interpretaciones erróneas, frases hechas y demás juegos de palabras.

- Papá, tengo que darte dos noticias, una buena y otra mala.
- He tenido un mal día, así que cuéntame sólo la buena.
- La buena es que el airbag del coche nuevo funciona perfectamente.

- Por favor, ¿este autobús me lleva para el cementerio?
- Si se pone delante, sí.

- Perdone, ¿es ese el Ayuntamiento de Sevilla?
- Sí, señor.
- ¿Cuánta gente trabaja en él?
- Ni la mitad.

- Oiga, señor guardia, ¿si pesco en este río sería un delito?
- Nada de eso, sería un milagro.

- Perdone, ¿la forma más rápida de llegar a Carabanchel?
- Ahí tiene una oficina de Cajamadrid, entre y diga: "¡Esto es un atraco!"

- Por favor, ¿voy bien para el Parque de Atracciones?
- Hombre, yo vengo de allí en camiseta y nadie me ha dicho nada.

-   Por favor, ¿para ir a la Universidad?
-   Primero tiene Vd. que hacer Primaria y después Bachillerato.

•   Por favor, para ir al hospital, ¿qué tengo que tomar?
•   Veinte aspirinas juntas, por ejemplo.

-   Por favor, ¿me falta mucho para "El Retiro"?
-   Con lo joven que eres, aún tienes que trabajar, aún.

•   Por favor, ¿este balneario es bueno para el reuma?
•   Buenísimo, aquí lo cogí yo.

-   Oiga, por favor, ¿en este lugar hay algún animal negro?
-   No, señor.
-   Pues, llamen a una ambulancia que acabo de atropellar a un cura.

•   Disculpe, ¿por qué está Vd. tan gordo?
•   Pues, por no discutir.
•   Hombre, ¿no será por eso?
•   Bueno, pues no será por eso.

-   Oiga, ¿es usted supersticioso?
-   ¿Yo? No, trae mala suerte.

•   Perdone la intromisión, ¿por qué anda así? ¿Es Vd. cojo?
•   No, señor, es que me fusilaron mal.

- Usted es un pintor que tiene muy mal gusto.
- Desde luego, será por eso que usted me cae simpática.

- Perdone, ¿sabe Vd. cómo se llaman los habitantes de San Sebastián?
- Todos, no.

- Nena, me recuerdas mucho a mi cuarta novia.
- ¿Y la quinta?
- No sé, sólo he tenido tres.

- Oye palurdo, ¿por dónde se va al hospital del pueblo?
- Vuelve a llamarme palurdo y lo encontrarás rápido.

- Oiga, yo a Vd. le conozco de alguna parte.
- Es posible, voy bastante por allí.

- ¿Qué le parece a usted eso de que los curas se casen?
- Me parece muy bien.
- ¿Por qué?
- Para que sepan lo que es el infierno.

- Señora, ¿con qué lava usted las camisas de su marido?
- ¡¡¡Con una mala leche!!!

- ¿Qué opina Vd. del coito anal?
- No tengo nada en contra, pero, me gusta mucho más semanal.

– *Encuesta a un guarro:* ¿Le puedo hacer dos preguntas?
– Sí, claro.
– Dígame Vd. cuándo fue la última vez que se ha duchado y si piensa volver a hacerlo.

• ¿Cree Vd. que llevo el escote muy grande?
• Acérquese, que no veo bien... ¿Tiene Vd. pelos en el pecho?
• No.
• Entonces, sí que es bastante grande el escote.

– Le voy a dar una primicia. ¿Sabe Vd. que el artista más guapo de España se está quedando sordo?
– ¿Sí? ¿Quién es?
– ¿Cómo dice?

• Es Vd. clavado a mi mujer, sólo cambia la barba y el bigote.
• Pero si yo no tengo barba ni bigote.
• Pero ella, sí.

– ¿A qué atribuye usted su larga vida?
– Entre otras cosas, a que el juez no supo nunca quién mató a Jim Willians.

• ¿Adónde va a ir Vd. de vacaciones?
• A Venezuela.
• ¿En qué va a ir?
• En barco.
• ¿Y si el barco se va a pique?
• Pues me voy unos días a pique y después a Venezuela.

- ¿Qué le pasa en el ojo que lo tiene tan hinchado?
- Ayer, estaba la calle helada, un resbalón, una caída tonta, le da a uno la risa y ya ve.
- ¿Y con qué se dio en el ojo?
- No, si el que se cayó fue otro.

- Nena, creo que tú y yo nos vamos a entender muy bien.
- ¡Whats you see!
- ¿Ehhhh?

- Perdone, ¿es Vd. soltero o casado?
- Soltero.
- ¿Y, no piensa casarse nunca?
- ¿Para qué? Si tengo dos hermanas que me cuidan, me miman y me dan todos los caprichos.
- Sí, pero sus hermanas nunca le podrán dar lo que le puede dar una mujer.
- ¿Quién le ha dicho que eran hermanas mías?

- ¿Cómo distingue Vd. si una gallina es joven o vieja?
- Por los dientes.
- ¡Si las gallinas no tienen dientes!
- Ya, pero yo sí.

- ¿Le gusta a Vd. la música?
- Sí, pero puede seguir tocando.

- Oiga, ¿ha visto Vd. el Último Tango en París?
- No, lo vi en Buenos Aires.

–   ¿Qué opina Vd. de que los curas se casen?
–   Si se quieren...

*   ¿Qué tal por Cuba? ¿Qué tal vivís?
*   No nos podemos quejar.
*   ¿Vivís bien?
*   No. ¡Que no nos podemos quejar!

–   Niños, ¿dónde vais con la vaca?
–   Se la llevamos al toro.
–   ¿Eso no lo puede hacer vuestro padre?
–   No, tiene que ser el toro.

*   Por favor, señora, ¿tiene Vd. alguna hija?
*   Sí, una de 20 años.
*   ¿Sabe si pierde mucho durante el período?
*   Pues sí, unos 3.000 euros porque es prostituta.

–   ¿Pierde Vd. los estribos con mucha facilidad?
–   Pues sí, tenía 5.000 y ya no me queda ninguno.

*   Oiga, ¿a usted qué le molesta más la ignorancia o la indiferen-
    cia?
*   Pues, ni lo sé ni me importa.

–   ¿Cómo se llama Vd.?
–   Gilbert O'Sullivan.
–   ¿Qué? ¿No se acuerda?

- • ¿Qué es para usted el amor?
- • No lo sé, yo nunca he sido infiel.

- – ¿Vd. cómo distingue un avellano de un almendro?
- – Por el fruto.
- – ¿Y si no tiene?
- – Pues, me espero.

- • Oiga, ¿está Vd. empadronado?
- • No, es mi carácter.

- – ¡Tío bueno! ¡Macizo! ¡Te voy a comer!
- – Me cayó tan bien que le compré todos los cupones.

- • Perdone, el avión que acaba de salir, ¿es de carga o de pasaje-
  ros?
- • De carga.
- • ¿Y qué carga?
- • Pasajeros.

- – Perdone, señora, al verla sonreír me dan ganas de decirle que
  venga a mi casa.
- – Vaya, qué atrevido.
- – ¿Atrevido? No, dentista.

- • ¡Tía buena! ¡Maciza!
- • Vd. no tiene pelos en la lengua, ¿eh?
- • Porque Vd. no querrá.

- Es usted muy guapa, señorita.
- ¡Qué pena que yo no pueda decirle a Vd. lo mismo!
- Haga como yo; no diga la verdad.

- Oiga, por favor, ¿ha visto Vd. a un niño rubio con el pelo rizado doblar esa esquina?
- No, señor, cuando yo he llegado aquí la esquina ya estaba doblada.

- Perdone, señora, ¿ha visto algún policía por aquí?
- No, señor.
- Pues, deme el bolso y el reloj ahora mismo.

- Por favor, ¿cómo se llama aquella montaña?
- ¿Cuál?
- Muchas gracias. ¿Y esa otra?

- Perdone, señor, ¿he visto su cara en alguna otra parte?
- No lo creo, joven.
- ¿Está seguro?
- Segurísimo. Mi cara la llevo siempre en el mismo sitio.

- Perdón, ¿yo le he visto a Vd. en alguna parte?
- Es posible, voy mucho por allí.

- Oiga, por favor, ¿se caen a menudo los escaladores que intentan escalar ese pico?
- No, con una vez tienen suficiente.

- Oiga, es cierto que en esta localidad se ven muchos platillos volantes.
- Hombre, eso depende de si hay un restaurante cerca.

- Perdone, sus zapatos me encantan, ¿son del 36?
- No, de la guerra civil no me pongo nada.

- Nena, ¿estudias o trabajas?
- ¿Lo cualo?
- No, que ¿en qué trabajas?

- Perdón, señora, ¿la notaría?
- Si se acerca un poco más, claro que la notaría.

- Perdone, ¿cómo es que le han puesto "Bar el Maricón"?
- Son cosas de mi mujer.
- ¿Podría hablar con ella un momento?
- Sí. ¡Juan, sal un momento, por favor!

- Señora, mire esa pareja, no se sabe quien es el chico y quien es la chica.
- Yo sí lo sé, son mis hijos.
- Perdone, no sabía que Vd, era su madre. .
- Si no soy su madre, soy su padre.

- Por favor, ¿qué hora tiene Vd.?
- Las diez menos diez.
- ¡Bah! ¡Entonces no tiene nada!

- ¿Qué hace Vd. en lo alto de esa palmera?
- Comiendo higos.
- Pero, si en las palmeras no hay higos.
- Yo me compro un kilo de higos y me los como donde me sale de las narices.

- Por favor, señor, ¿cuántos cornudos conoce sin contarse usted?
- Señorita, es usted un poco mal educada.
- Bueno, pues, cuéntese.

- ¿Desde cuándo está Vd. casado?
- Desde hace 20 años.
- ¿Y siempre ha estado enamorado de la misma mujer?
- Sí, señor.
- Eso es admirable.
- Pero peligroso. Si mi esposa se entera me mata.

- Oiga, ¿qué opina Vd. de la China roja?
- Pues mire Vd., ¿qué quiere que le diga? No tengo ni idea de porcelanas.

- ¿Es Vd. de la Real Academia?
- No, pero como si lo seriese.

- ¿Por qué lloras, majo?
- Porque mi papá me ha pegado con la servilleta.
- Pero, con la servilleta no puede hacerte mucho daño.
- Es que mi papá se limpia con el antebrazo.

- Perdone, ¿sabe Vd. hablar el esperanto?
- Yo no, pero un primo que tengo, sí.
- ¿Y lo habla bien?
- Fenomenal. Como si hubiera nacido allí.

- Perdone, ¿cuál ha sido su profesión?
- Talador de árboles. De joven talé todos los árboles que había en la selva del Sahara.
- Querrá decir en el desierto del Sahara.
- Sí, ahora lo llaman así.

- Oiga, señor, ese tatuaje que lleva en el pecho, ¿con el agua no se borra?
- Pues, no lo sé.

- Perdone, su perro parece listo.
- Sí, es un perro fenomenal, a un km. de distancia ya me huele.
- Pues, lávese más a menudo, guarro.

- Perdone, señora, ¿sabía Vd. que de cada cinco niños que nacen en el mundo, uno es chino?
- No lo sabía. Menos mal que yo sólo he tenido cuatro.

- Por favor, ¿hace mucho que salió el primer tren para Cádiz?
- Sí, el primero salió en el año 1875.

- ¿Cuántas ovejas tiene Vd.?
- Pues no lo sé, cada vez que las cuento me duermo.

- Una limosna, somos las hermanas de San José.
- Pues, qué bien que se conservan.

- Oiga, ¿tiene Vd. algo que ver con el mundo del cine?
- Sí. Un cuñado de mi hermana es acomodador.

- ¡Qué perro más delgado tiene Vd.! ¿No le da de comer?
- Para lo que hace.
- Pues, mátelo.
- Para lo que come.

- ¿Ha vivido Vd. en este pueblo toda su vida?
- No, todavía no.

- ¿Quieren salir sonriendo en la foto?
- Pues, sí.
- Entonces les diré el precio después de sacar la foto.

- ¿Tiene artículos de viaje?
- Sí, señor.
- Pues, póngame dos bocadillos de anchoas.

- ¿Qué tal las vacaciones por Norteamérica?
- Regular.
- ¿Por qué?
- Por dos cosas que no me han gustado de los norteamericanos.
- ¿Cuáles?
- Que son muy racistas y que hay muchos negros.

—   ¿Qué tal tu hijo en el colegio?
—   Fenomenal. El otro día cuando se enteró de que había aproba-
    do 1º de la ESO, de la emoción, se cortó al afeitarse.

•   Vengo a decirle a Vd. que la leche que me vendió ayer era
    auténtica agua sucia.
•   De sucia nada.

—   ¡Vaya miedo que pasamos ayer!
—   ¿Qué os pasó?
—   Mientras merendábamos en el campo, apareció un toro grande,
    enorme, y si no es por mi cuñado hubiera ocurrido alguna des-
    gracia.
—   ¿Qué es lo que hizo tu cuñado?
—   Que le pegó 20 muletazos al toro.
—   Pero, ¿tu cuñado es torero?
—   No, pero es cojo.

•   ¿Te acuerdas de mi prima Maribel?
•   ¿Qué Maribel?
•   Aquella que decía que iba a hacer cualquier cosa para conse-
    guir un abrigo de pieles.
•   ¿Ah, sí?
•   Pues, ya ha conseguido el abrigo, pero ahora no se lo puede
    abrochar.

—   Antonio, ¿has estado enfermo?
—   Sí, las pasé canutas por comerme una caja de bombones.
—   ¿Es posible?
—   Sí, no sabía que era alérgico al cartón.

- ¿Cómo hiciste para que tu marido ya no regrese tan tarde por las noches?
- Muy fácil. Una noche que lo hizo, procurando no meter ruido, le dije en voz alta: ¡Entra Rafael! Y ya sabes que mi marido se llama Petronilo.

– ¿Tiene aspirinas?
– Sí, señor.
– Pues, tómese dos que soy el inspector de Hacienda.

- Pedrito, vete a la tienda del señor José y dile que te dé 2 euros de huevos.
- ... Señor José, me ha dicho mi madre que si tiene huevos me dé 2 euros.
- Toma dos monedas de un euro y dile a tu madre que así no se piden las cosas.

– Pepe, ¿tú eres rencoroso?
– No, pero el que me la hace lo paga.

- Deme 10 panes.
- ¿Por qué los pide con dos V?
- Por que se los pido en números romanos.
- Pero, 10 en números romanos es una X.
- Ya, pero es que los quiero en bolsas separadas.

– *En la panadería:* Deme una barra de pan y si tiene huevos me ponga dos docenas.

(El panadero le dio 24 barras de pan)

- Pepe, ¿tú caballo fuma?
- No.
- Pues, corre que debe estar ardiendo el establo.

- Hay que ver la suerte que tiene tu mujer.
- Pues sí. El otro día se encontró una pulsera de oro, ayer un collar de perlas, esta mañana un brazalete de brillantes.
- En cambio yo el otro día me encontré en casa unos calzoncillos y no eran de mi talla.

- *En la salchichería:* Entonces, niño, ¿crees que tengo yo escondido tu perro?
- No lo sé, pero cada vez que silbo se mueven aquellos salchichones.

- *En la tienda de ropa:* Oiga, ¿el jersey que me llevé ayer encoge o estira?
- ¿A Vd. cómo le queda?
- Grande.
- Entonces, encoge.

- *En una farmacia americana:* ¿Hacen aquí análisis de orina?
- Sí, señor.
- Pues, lávese las manos y prepáreme un sandwich de jamón y queso.

- Quería una botella de agua.
- ¿De Lanjarón? La que agranda y fortalece el corazón.
- No, prefiero de Bezoya.

- *El peluquero después de dos cortes al cliente: ¿A usted no le he afeitado ya en otra ocasión?*
- ¡Oh, no! El brazo lo perdí en la guerra.

- ¡Qué malito estoy!
- ¿Qué te pasa?
- Debe ser de la gastronomía.
- ¿De la gastronomía?
- Sí, cuando como huevos me atacan al hígado, hoy he comido hígado y llevo una tarde...

- Conozco a un médico muy bueno que me ha quitado las ganas de fumar.
- Entonces, ¿ya no fumas?
- Sí, pero sin ganas.

- Pepe, voy a ir a un médico que me va a reducir la boca por 300 euros.
- Llévate 600.

- Desde esos pinos hasta aquellos montes, toda la finca es mía. Tardo en recorrerla en coche 8 horas.
- Yo también tengo un coche igual.

- Quería una estilográfica.
- Supongo que desea darle una sorpresa a su hijo.
- Desde luego, él espera un coche.

BIBLIOGRAFÍA

La relación que se muestra a continuación, correspondiente a todos los volúmenes de la colección, es incompleta por las razones explicadas en el prólogo. Pudiera servir de orientación y, en parte, como justificación de todas las omisiones.

Adams, James L. - Guía y juegos para superar bloqueos... Gedisa. Barcelona. (1986)

Agostini, F. – Juegos de lógica y matemáticas. Pirámide. Barcelona. (1988)

Albaiges Olivart J. M. - ¿Se atreve Vd. con ellos? Marcombo. Barcelona. (1981)

Allem, J. P. - Juegos de ingenio y entretenimiento mat. Gedisa. Barcelona. (1984)

Allem, J. P. - Nuevos juegos de ingenio y entret. mat. Gedisa. Barcelona. (1984)

Azzopardi, Gilles - 500 tests para aumentar su inteligencia. Tikal. Gerona. (2001)

Barry Townsend, Charles - Acertijos Clásicos. Selector. (1994)

Bayllif, J. C.. - Los rompecabezas lógicos de Baillif. Reverté. Barcelona. (1985)

Berrondo, M. - Los juegos matemáticos de eureka. Reverté. Barcelona. (1987)

Bolt, B. – Actividades matemáticas. Lábor. Barcelona. (1988)

Bolt, B. – Más actividades matemáticas. Lábor. Barcelona. (1990)

Bolt, B. - Divertimentos matemáticas. Lábor. Barcelona. (1987)

Brandeth, Gyles - Juegos con números. Gedisa. Barcelona. (1989)

Bunch, B. H. – Matemática insólita. Paradojas y... Reverté. Barcelona. (1987)

Camous, Henri - Problemas y juegos con la matemática. Gedisa. Barcelona. (1995)

Carroll, Lewis – El juego de la lógica. Alianza. Barcelona. (1979)

Corbalán, F. - Juegos matemáticos para secundaria y Bach. Síntesis. Madrid. (1994)

Dispezio, Michael A. - 99 desafios a la capacidad intelectual. Tikal. Gerona. (1999)

Emmet, Eric - Juegos de acertijos enigmáticos. Gedisa. Barcelona. (1990)

Emmet, Eric - Juegos para devanarse los sesos. Gedisa. Barcelona. (2000)

Falleta, N. - Paradojas y juegos. Ilustraciones, ... Gedisa. Barcelona. (1986)

Fixx, J. - Juegos de recreación mental para los muy intelig. Gedisa. Barcelona. (1988)

Fournier, Jean Louis - Aritmética aplicada e impertinente... Barcelona. (1995)

Friant, J. y LH, Y. - J. lógicos en el mundo de la intelig... Gedisa. Barcelona. (1987)

García Solano, R. - Matemáticas mágicas. Escuela Española. Madrid. (1988)

Gardner, M. - Nuevos pasatiempos matemáticos. Alianza. Barcelona. (1980)

Gardner, M. - Carnaval matemático. Alianza. Barcelona. (1980)

Gardner, M. - Circo matemático. Alianza. Barcelona. (1983)

Gardner, M. - Comunicación extraterrestre y otros p. mat.. Cátedra. Madrid. (1986)

Gardner, M. - Festival mágico-matemático. Alianza. Barcelona. (1984)

Gardner, M. - ¡Ajá! Inspiración ¡Ajá! Lábor. Barcelona. (1981)

Gardner, M. - ¡Ajá! Paradojas que hacen pensar. Lábor. Barcelona. (1983)

Gardner, M. - Ruedas vida y otras div. matemáticas. Lábor. Barcelona. (1985)

Gardner, M. - Juegos y enigmas de otros mundos. Gedisa. Barcelona. (1987)

Gardner, M. - Juegos y enigmas de otros mundos. Gedisa. Barcelona. (1987)

Gardner, M. - Mágicos números del doctor Matrix, Los. Gedisa. Barcelona. (1986)

Guzmán, M. de - Cuentos con cuentas. Lábor. Barcelona. (1984)

Guzmán, M. de - Mirar y ver. Alhambra. Madrid. (1976)

Harshman, Edward J. - 99 enigmas para estimular el ingenio. Tikal. Gerona. (1999)
Harshman, Edward J. - ¡Elemental, querido Watson! 100 enig... Tikal. Gerona. (1999)
Holt, M. - Matemáticas recreativas 2. Martínez Roca. Barcelona. (1988)
Holt, M. - Matemáticas recreativas 3. Martínez Roca. Barcelona. (1988)
Knuth, D. E. – Números surreales. Reverté. Barcelona. (1979)
Lánder, I. - Magia matemática. Lábor. Barcelona. (1985)
Longe, Bob - Los mejores trucos de cartas del mundo. Tikal. Gerona. (1998)
Longe, Bob - Los mejores trucos de magia del mundo. Tikal. Gerona. (1998)
Masino, G. – El romance de los números. Círculo de Lectores. Barcelona. (1980)
Mataix, M. - Cajón de sastre matemático. Marcombo. Barcelona. (1978)
Mataix, M. - Divertimientos lógicos y matemáticos. Marcombo. Barcelona. (1979)
Mataix, M. - Fácil, menos fácil y difícil. Marcombo. Barcelona. (1980)
Mataix, M. - El discreto encanto de las matemáticas. Marcombo. Barcelona. (1981)
Mataix, M. - Nuevos divertimientos matemáticos. Marcombo. Barcelona. (1982)
Mataix, M. - Droga matemática. Marcombo. Barcelona. (1983)
Mataix, M. - Ocio matemático. Marcombo. Barcelona. (1984)
Mataix, M. - Problemas para no dormir. Marcombo. Barcelona. (1987)
Mataix, M. - En busca de la solución. Marcombo. Barcelona. (1989)
Mathematical Association of America - Concursos de mat. Euler. Madrid. (1996)
Muller, Robert - Matemagicas. Tikal. Gerona. (1999)
Northrop, E. P. - Paradojas matemáticas. Uteha. México. (1977)
Paraquín, K. H. - Juegos visuales. Lábor. Barcelona. (1978)
Perelman, Y. I. - Matemáticas recreativas. Martínez Roca. Barcelona. (1977)
Perelman, Y. I. - Álgebra recreativa. Mir. Moscú. (1978)
Perelman, Y. I. - Problemas y experimentos recreativos. Mir. Moscú. (1983)
Robert-Houdin, J. E. - Secretos de la magia. Tikal. Gerona. (1999)
Rodríguez Vidal, R. - Diversiones matemáticas. Reverté. Barcelona. (1983)
Rodríguez Vidal, R. - Cuentos y cuentas de los mat. Reverté. Barcelona. (1986)
Rodríguez Vidal, R. - Enjambre matemático. Reverté. Barcelona. (1988)
Smullyan, R. - ¿Cómo se llama este libro? Cátedra. Madrid. (1981)
Smullyan, R. - ¿La dama o el tigre? Cátedra. Madrid. (1983)
Smullyan, R. - Alicia en el país de las adivinanzas. Cátedra. Madrid. (1984)
Smullyan, R. - Enigma de Sherezade. Gedisa. Barcelona. (1998)
Smullyan, R. - Juegos de ajedrez y los misteriosos... Gedisa. Barcelona. (1986)
Smullyan, R. - Juegos para imitar a un pájaro imitador. Gedisa. Barcelona. (1989)
Smullyan, R. - Juegos por siempre misteriosos. Gedisa. Barcelona. (1995)
Smullyan, R. - J. y problemas de ajedrez para S. H. Gedisa. Barcelona. (1986)
Smullyan, R. - Satán, Cantor y el infinito. Gedisa. Barcelona. (1995)
Stewart, Ian - Ingeniosos encuentros entre juegos y mat. Gedisa. Barcelona. (1990)
Tejada, Ivan - 100 problemas para pensar (un poco). Tikal. Gerona. (1999)
Thio de Pol, S. - Primos o algunos dislates sobre números. Alhambra. Madrid. (1976)
Vives, Paul - Juegos de ingenio. Martínez Roca. Barcelona.
Wells, David - El curioso mundo de las matemáticas. Gedisa. Barcelona. (2000)

COLECCIÓN DE MENTE

Para el aficionado a los juegos y a los problemas de ingenio.

1. El idioma de los espías - Martin Gardner.
2. El Laberinto y otros juegos matemáticos - Edouard Lucas.
3. Ejercicios de Pensamiento Lateral - Paul Sloane.
4. Puerta a la Cuarta Dimensión y otros cuentos - Varios autores.
5. Los Acertijos de Sam Loyd - Martin Gardner.
6. Magia Inteligente - Martin Gardner.
7. Ganar al Backgammon - Millard Hopper.
8. El Acertijo del Mandarín y otras diversiones matemáticas - Henry Dudeney.
9. Anarquía y otros juegos de cartas - David Parlett.
10. El Anticipador y otros cuentos - Varios autores.
11. Nuevos Ejercicios de Pensamiento Lateral - Paul Sloane.
12. El Concurso de Belleza y otros desafíos matemáticos - Ángela Dunn.
13. El detective es Usted - Lassiter Wreen y Randle McKay.
14. Matemática para divertirse - Martin Gardner.
15. Las Esferas Doradas y otras recreaciones matemát. (tomo I) - Joseph Madachy.
16. Las Esferas Doradas y otras recreaciones matemát. (tomo II) - Joseph Madachy.
17. Acertijos Divertidos y Sorprendentes - Martin Gardner.
18. Círculos Viciosos y Paradojas - P. Hughes y B. Brecht.
19. Los Gatos del Hechicero y nuevas diversiones matemáticas - Henry Dudeney.
20. Súper Ejercicios de Pensamiento Lateral - Paul Soone y Des MacHale.
21. Aquí Comienza el Bridge - Terence Reese.
22. 5 Test de Inteligencia - Pierre Berloquin.
23. Test de Pensamiento Lateral - Paul Sloane.
24. Acertijos Fantásticos - Muriel Mandell.
25. Cómo Jugar y Divertirse con Escritores Famosos - Daniel Samoilovich.
26. Acertijos para Resolver en el Ascensor - J.J.Mendoza Fernández.
27. La Magia de la Matemática - Theoni Pappas.
28. Cómo Jugar y Divertirse con su Inteligencia - Lea y Jaime Poniachik.
29. Potencie su Pensamiento Lateral - Paul Sloane y Des MacHale.
30. Nuevos Acertijos de Sam Loyd - Martin Gardner.
31. El Encanto de la Matemática - Theoni Pappas.
32. Acertijos Para Resolver en el Autobús - J.J. Mendoza Fernández.
33. Prácticas de Pensamiento Lateral - Paul Sloane y Des MacHale.
34. 101 Acertijos - C.R. Wylie.
35. Ejercicios de Inteligencia Asociativa - Lloyd King.

CORREO ELECTRÓNICO - *Acertijos enviados por internautas.*